国家自然科学基金资助项目(项目编号：72074137)

中国电力转型影响评估：

基于环境–资源–社会可持续发展目标

李佳硕　周思立◎著

The Impact Assessment of China's Power Transition:
Focusing on Environmental, Resource-related and
Socioeconomic Sustainable Development Goals

经济管理出版社
ECONOMY & MANAGEMENT PUBLISHING HOUSE

图书在版编目（CIP）数据

中国电力转型影响评估：基于环境-资源-社会可持续发展目标/李佳硕，周思立著．—北京：经济管理出版社，2023.6
ISBN 978-7-5096-9077-2

Ⅰ.①中… Ⅱ.①李… ②周… Ⅲ.①电力工业—可持续发展—研究—中国 Ⅳ.①F426.61

中国国家版本馆 CIP 数据核字（2023）第 105622 号

组稿编辑：曹　靖
责任编辑：郭　飞
责任印制：黄章平
责任校对：蔡晓臻

出版发行：经济管理出版社
　　　　　（北京市海淀区北蜂窝 8 号中雅大厦 A 座 11 层　100038）
网　　址：www.E-mp.com.cn
电　　话：(010) 51915602
印　　刷：唐山玺诚印务有限公司
经　　销：新华书店
开　　本：720mm×1000mm/16
印　　张：10.75
字　　数：163 千字
版　　次：2023 年 6 月第 1 版　　2023 年 6 月第 1 次印刷
书　　号：ISBN 978-7-5096-9077-2
定　　价：88.00 元

前　言

　　长期以来，我国以火电为主的电力系统是二氧化碳和二氧化硫、大气汞、颗粒物等污染物的重要排放源。实现"双碳"目标，建设生态文明，绘就美丽中国，迫切需要电力清洁绿色转型。习近平总书记提出了中国到 2030 年非化石能源占一次能源消费比重达到 25% 左右，风电、太阳能发电总装机容量达到 12 亿千瓦以上的宏伟目标。由此可见，中国电力系统将发生系统性、颠覆性的变革。然而，电力转型是一个复杂的系统工程，不仅会改变电力供应格局，还涉及经济发展、资源利用、环境排放和气候治理等诸多方面，势必对经济民生、资源集约节约、污染物减排和应对气候变化等方面的可持续发展目标产生重要影响。

　　明确电力转型对不同可持续发展目标的协同或权衡关系，是促进电力转型策略与可持续发展目标协同推进的重要基础。基于此，本书聚焦中国电力部门清洁低碳转型对资源—环境—社会经济系统的影响，首先筛选出了与电力转型密切相关的大气汞排放、人群健康、水资源和就业等可持续发展目标，编制了高分辨率电力部门影响清单；其次构建了电力转型影响综合评估模型，揭示了发电部门对于不同可持续发展目标的影响路径与驱动因素；最后通过情景分析，探寻电力转型与可持续发展目标协同发展路径，以期为政策制定者权衡不同系统间的转型目标提供数据参考和理论依据。主要研究工作和结论包括以下几个方面：

第一，在环境相关可持续发展目标方面（第2章），选取大气汞排放作为指标，编制了中国燃煤电厂的高分辨率汞减排清单，有效提升了清单编制的准确性，揭示了电力转型作用下大气汞排放的时空演化规律。研究发现：升级末端污控设施对汞减排的贡献最大，不同的燃煤汞含量和污控设施组合也会显著影响排放因子和减排效益。得益于"十二五"期间的电力转型措施，煤电相关汞排放大幅减少，从而促进了中国可持续发展进程。

第二，在资源相关可持续发展目标方面（第4章），选取水资源消费作为指标，编制了高分辨率的电力部门水资源清单，全面评估了淘汰电厂、新增脱硫设施、新建光伏电站等转型措施对水资源的影响，辨识了影响电力行业取水量和耗水量的关键因素。研究发现：电力部门耗水量主要取决于发电量、冷却方式、机组容量等因素，"十二五"期间电力转型措施整体上带来了一定的节水效益，但新增污控设施会增加水资源消耗，可能造成环境排放和水资源两个可持续发展目标间的矛盾关系。在制定电力转型策略时，一方面需要权衡不同的可持续发展目标，另一方面要结合不同地区的水资源行星边界和用水结构，实现可持续发展进程收益的最大化。

第三，在社会经济相关可持续发展目标方面，选取了居民健康福祉和就业作为指标。针对居民健康福祉评估（第3章），耦合了大气传输、食物贸易、流行病学等模块，构建了电力转型汞减排相关健康效益的评估模型，从避免胎儿智商损失和心脏病发作死亡两个方面量化分析了电力转型的健康影响。研究发现：中国电力转型导致2010~2015年煤电汞排放相关的健康风险明显降低，其中关停小型煤电是最主要的影响因素，同时发现了二价汞排放对健康效益的突出作用，揭示了汞减排健康效益的跨区域影响机理，从技术升级、排放标准、地区特征等方面提出了政策建议。针对就业影响（第5章），利用投入产出方法和结构路径分析，量化分析了发电部门及其上游产业就业格局的变化和影响路径，探究了电力转型对整体就业的直接和间接影响，揭示了环境排放和充分就业等不同转型目标间的冲突和矛盾。研究发现：电力转型不仅会重塑电力部门的就业格局，也会显著影响上游产业部门的间接就业，并且可再生能源的上下游产业链会逐渐成为就业增长的主要驱动力，而与煤电相关的矿物开采、设备制造、技术服务等行业会受到电力转型冲击，从而导致电力相关的就业市场萎缩。

第四，本书利用标准化的可持续发展目标评分机制，量化分析了电力转型对不同可持续发展目标得分的贡献（第6章），发现5项可持续发展目标得分整体上促进了中国可持续发展进程，但不同发展目标间仍然存在一定的矛盾和权衡关系。此外，本书预测了三种政策情景下未来电力转型对可持续发展目标的影响程度，结果显示电力转型措施在未来能够促进整体可持续发展进程，但需要重点关注部分地区和行业在电力转型冲击下的潜在风险。

本书由李佳硕负责总体框架、进度把控和校正定稿工作，周思立负责数据收集、模型计算和结果整理工作，具体章节内容由李佳硕、周思立共同撰写，同时感谢陈龙、梁赛、魏文栋、柳朝晖、郭亚琴、王腾蛟、郭荣荣等在成稿过程中的贡献。

本书涉及的主要内容和研究成果，得到了国家自然科学基金的资助，在此表示感谢。同时感谢山东大学前沿交叉科学研究院、华中科技大学能源与动力工程学院、中国电力企业联合会等单位在相关研究中提供的大力支持。

中国电力转型对可持续发展目标影响的研究需要从资源—环境—社会经济等系统全盘考虑，由于涉及不同领域的交叉学科，部分复杂问题仍然有待探究。受限于笔者的知识修养和学术水平，本书仅涵盖了和电力转型关系密切的部分可持续发展目标，文中内容可能有纰漏和不足之处，请各位读者及专家批评指正。

目　录

第1章 绪论

1.1 研究背景及研究意义

电力部门作为关系国计民生的支柱产业，承担了全国26%的终端能源供应，也消耗了全国一半以上的煤炭，造成了严重的环境污染[1-3]。据文献统计，电力部门贡献了约1/2的二氧化碳排放、1/3的氮氧化物排放、1/4的二氧化硫排放，以及1/6的大气汞排放[4-7]（见图1-1）。上述温室气体和污染物排放不仅会严重威胁气候变化和生态环境，甚至会对人体健康造成不可逆的损伤[8-12]。面对可持续发展的风险挑战和环境约束，中国做出了"力争于2030年前碳排放达峰，努力争取2060年前实现碳中和"的庄严承诺，重点要求电力系统加快推进可再生能源的开发利用和化石能源的清洁改造。因此，建设清洁高效的现代电力供应体系，是贯彻落实可持续发展要求和构建高质量发展格局的关键环节，也是实现"双碳"战略目标和推进生态文明建设的必然选择。

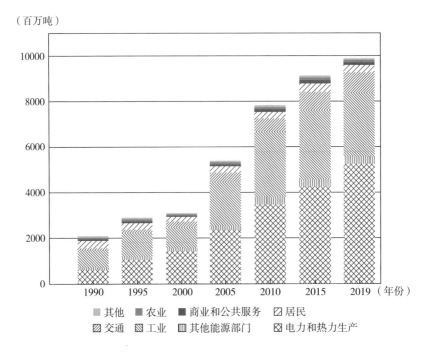

图 1-1　中国分部门二氧化碳排放历史趋势[13]

近年来，随着能源生产和消费革命的不断深入，中国电力系统发生了深刻变革，电力清洁低碳转型进入了关键攻坚期和重要窗口期，在能源效率、结构优化和技术创新等方面取得了一系列显著成效，主要体现在以下两个方面：一是积极发展可再生能源替代，二是大力推动传统能源的清洁高效利用。在能源消费总量和强度的双控目标约束下，可再生能源和传统能源作为电力转型的一体两翼，在电力系统中互为补充、协同发展，共同保障电力行业清洁低碳转型的平稳过渡。

为了促进可再生能源的快速发展，国家在上网电价补贴、新能源消纳等方面出台了各类扶持政策，优先保障清洁电力的充分消纳。随着大规模建设带来的成本降低和技术进步导致的组件效率提升，以风电和光伏为代表的新能源产业实现了跨越式发展，中国非化石能源发电装机容量稳居世界第一。风电装机容量在"十二五"和"十三五"期间增长了 8 倍，而光伏发电装机容量从不到 100 万千瓦增加到超过 2 亿千瓦,电力部门中可再生能源装机容量占比超过 1/4[14,15]。截至 2020 年,中国一次能源消费中,非化石能源占比达 15.9%,为实现"双碳"战略奠定了坚实的基础。

与此同时,中国政府大力推进以燃煤电厂为代表的传统能源转型升级,切实发挥煤炭在电力系统中的兜底保障作用。为了实现煤电的清洁利用,中国政府先后制定了《煤电节能减排升级改造行动计划》和《全国煤电机组改造升级实施方案》等煤电转型策略,主要采取关停小型燃煤机组、升级污染物控制设施、提高能源利用效率等具体措施,旨在逐步降低单位供电煤耗、污染物排放、煤炭消费比重等关键指标,全面推动煤电行业实现高效清洁的可持续发展。

2010~2020 年,中国累计淘汰超过 5000 万千瓦落后产能的小型煤电机组,60 万千瓦以上的机组占比上升到约 45%,电力行业的机组结构持续优化,燃煤发电节能改造和超低排放改造取得重大进展。《电力发展"十三五"规划》中统计数据表明,仅"十二五"期间就有 5.60 亿千瓦的机组完成改造,火力发电标准煤耗从 333 克/千瓦时下降到 306 克/千瓦时,二氧化碳排放强度降低 20%。在末端减排方面,脱硫脱硝等污染物控制设施安装比例大幅提高,电力部门二氧化硫和氮氧化物减排幅度接近 90%。根据《"十四五"现代能源体系规划》,中国电力部门将淘汰包含到期退役机组在内的 3000 万千瓦燃煤电厂,同时针对 3.500 亿千瓦燃煤机组进行节能改造,加快推进煤电由主体性电源向基础保障性和系统调节性电源转型(见图 1-2)。

然而,电力系统的剧烈变革不仅会改变其自身的能源结构、环境排放、发电效率等,还会对资源消耗、居民健康和就业格局产生深远影响,从而与环境-资源-社会系统的可持续发展进程广泛关联[16-18]。联合国《2030 年可持续发展议程》提出了 17 个主要的可持续发展目标,其中可持续生产、清洁能源、水资源利用和充分就业等可持续发展目标都受到电力转型的影响[19-21]。例如,电力生产过程中排放的各类污染物会增加心血管等疾病的死亡人数[10,22],而电力转型会改变污染物排放现状，并通过大气传输和沉降作用影响相应的健康风险，从而改变死于心脏病、癌症、糖尿病和慢性呼吸系统疾病的进程。此外，电力行业也是重要的水资源消耗部门，除了电力生产过程中的直接用水，电力行业的水足迹还包括煤炭开采、设备制造、电力传输等环节的用水量，因此电力转型也会影响可持续取水和供应淡水进程。在就业影响方面，中国有超过 200 万人直接从事电力生产及供应的相关工作[23,24]，并且电力部门发展也能够拉动原料开采、设备制造、运输安装等行业的就业增长。在电力行业转型的过程中，淘汰燃煤电厂也会影响上游锅炉、汽轮机等生产厂商的就业结构，而发展可再生能源则会拉动风力发电机、光伏面板等相关产业的就业增长，同时对失业率产生影响[25-27]。

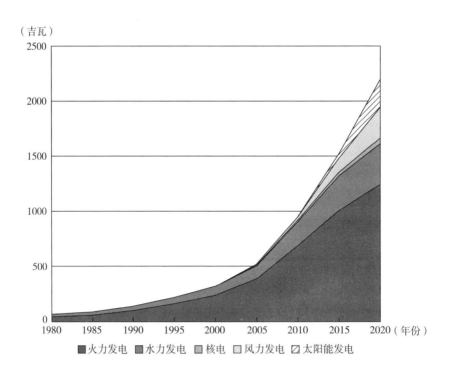

图 1-2 中国电力部门不同发电类型装机容量[14]

因此，明确中国电力行业清洁低碳转型与环境-资源-社会系统可持续发展目标的协同或权衡关系，全面揭示电力转型对不同可持续发展目标的作用效果和影响路径，是优化电力清洁低碳转型与可持续发展目标协同管理策略的基础。现有研究大多基于国家宏观统计数据构建可持续发展目标指标体系，无法反映电力部门在地区和技术层面的巨大差异，严重影响了可持续发展目标得分的准确性。此外，部分研究虽然关注到了电力转型对环境资源指标的影响，但尚未构建电力转型与可持续发展目标间可量化的响应关系，并且现有可持续发展目标评价体系还存在指标不全、精度不高等问题，严重阻碍了电力转型和可持续发展目标进程的协同推进。例如，在构建负责任的生产和消费模式中，现有指标体系仅涵盖了二氧化硫、氮氧化物等常规污染物，尚未涵盖毒性强、危害大的汞等重金属排放，亟须构建基于高分辨率排放清单的重金属相关可持续发展目标评分机制。在评估健康福祉时，仅从宏观角度考虑了居民死于心脏病、癌症、糖尿病和慢性呼吸系统疾病的过早死亡人数，缺乏对电力转型相关健康效益的专项评估，不利于制定针对性的转型策略。

为全面评估淘汰电厂、新增脱硫脱硝等污染物控制设施、能效提升和可再生能源替代等电力转型措施对可持续发展进程的综合影响，亟须构建涵盖环境-资源-社会多个系统可持续发展目标的电力转型综合效益评估模型，量化分析电力转型与污染物排放、健康影响、资源消耗、就业岗位等可持续发展目标的冲突或协同关系，揭示电力转型对不同系统、不同目标的影响机理和作用路径，从而完善电力转型对可持续发展目标影响的评价指标体系，为决策者制定多系统、多目标协同推进的电力转型和可持续发展策略提供数据基础和理论依据。

1.2　研究文献综述

现有可持续发展评价体系涵盖了环境-资源-社会等不同系统的可持续发展

目标评价指标，建立了较为完善的可持续发展目标标准化评分机制。联合国发布的 2018 年可持续发展目标指数报告中囊括了 17 个大类（详见附表 1）共 119 个可持续发展目标评价指标，发现中国可持续发展目标总体得分为 70.1 分，其中消除贫困、水资源可持续利用和可持续发展目标 8（体面就业和经济增长）方面的得分较高，而可持续发展目标 14（水下生物）的得分最低[28]。Xu 等在此基础上进一步细化了针对中国的可持续发展进程评估方法，量化分析了 2000~2015 年中国可持续发展目标整体评分的变化，发现在此期间中国可持续发展目标得分增加了 21.9%，并且不同省份的可持续发展进程存在较大差异[29]。上述研究都是从国家尺度出发，缺乏关注电力部门视角的针对性分析，并且忽略了不同地区电源结构和技术水平差异，无法准确反映电力部门清洁低碳转型对可持续发展目标的影响范围和作用效果。

此外，部分学者以电力行业为研究对象，探究电力转型与可持续发展目标间的关联特征。Zhang 等聚焦光伏扶贫政策，收集整理了 211 个光伏投资试点县的面板数据，揭示了中国光伏扶贫战略对减轻贫困的影响机制，证明光伏扶贫试点政策使当地人均可支配收入增加[30]。王红帅和董战峰总结了不同可持续发展目标间的权衡和协同关系，认为推进清洁饮水与卫生设施可能会阻碍廉价和清洁能源的实现[31]。Nerini 等聚焦能源系统和可持续发展目标间的响应关系，发现有 143 个可持续发展目标与人人可负担的清洁能源存在着协同关系[32]。Srikanth 认为能源部门和 74% 的可持续发展目标进程密切相关，并结合印度本身的电力部门特征，探究了可持续发展目标进程要求下的电力转型路径，提出了新能源替代、煤炭清洁利用等政策建议[33]。Roche 等以尼日利亚为研究对象，发现电力转型在能源普及、气候变化等方面都能够促进可持续发展目标进程，并在可持续发展目标框架下制定了不同的电力转型路径[34]。

上述文献定性分析了电力系统与其他可持续发展目标间的联系，证明了电力转型会显著影响环境-资源-社会等多个系统的可持续发展目标进程，如图 1-3

所示。然而，部分研究仅关注电力转型对单一可持续发展目标的影响，评估了电力转型在环境排放、资源消耗、就业格局、经济发展等方面的促进或阻碍作用，但尚未建立电力转型和可持续发展目标间的耦合关联，在电力转型对可持续发展目标的影响评估中缺乏标准化的评分机制。因此，亟须针对中国电力转型措施构建本地化的可持续发展目标评估机制，探究不同转型措施对可持续发展目标的协同或权衡作用，在标准化得分的基础上评估电力转型的总体影响。基于此，本书选取大气汞排放、健康效益、淡水资源、就业影响和可再生资源占比 5 个指标评价来探究电力转型对可持续发展目标的作用范围和影响路径。

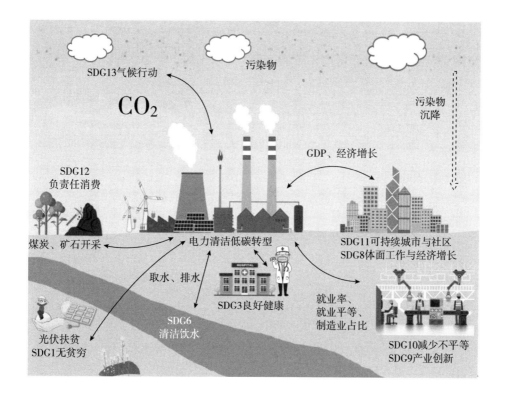

图 1-3 与电力系统相关联的主要可持续发展目标指标

1.2.1　电力部门大气汞排放清单研究进展

编制大气汞排放清单是根据各部门的能源消耗和生产过程，结合不同类型装置在运行过程中的汞排放因子，核算其大气汞排放量。具体而言，大气汞排放可以分为零价汞、二价汞、颗粒汞三种不同形态，排放因子也与燃料种类、生产过程、技术参数和污控设施类型等因素有关[35]。为了编制准确翔实的大气汞排放清单，需要充分调研不同产业部门的相关技术参数，得到符合实际情况的各类排放因子和不同汞排放形态的比例。

对于全球尺度的大气汞排放，国外的清单编制工作起步较早，相关的理论方法也较为完善。Nriagu 和 Pacyna 在 1988 年构建了涵盖空气、水和土壤三种排放途径的 1983 年全球重金属排放清单，其大气汞排放总量为 3560.00 吨，这为今后的各类重金属排放清单编制工作提供了理论基础和数据参考[36]。随后，Pacyna 和 Pacyna、Pacyna 等编制了不同年份的全球人为活动所导致的大气、土壤和水体汞排放，发现全球汞排放从 1990 年的 1881.00 吨增长到 1995 年的 2235.00 吨，随后在 2005 年下降到 1930.00 吨，其中超过 80% 来自化石燃料的燃烧[37,38]。Streets 等编制了 2010 年人类活动的全球汞排放清单，发现全球汞排放总量为 1.54 百万吨，其中大气汞排放总量为 0.47 百万吨[39]。

在上述研究的基础上，国内关于大气汞排放的相关研究起步相对较晚，但目前也已经形成相对完善的大气汞排放清单。Wang 等详细调研了不同煤种的汞含量，发现中国燃煤汞含量的平均值为 0.22 毫克/千克，并在此基础上核算了 1995 年中国煤炭燃烧导致的大气汞排放（213.80 吨），其中电力生产贡献了 72.86 吨大气汞排放，占比超过 1/3[40]。Streets 等在 2005 年核算了中国 1999 年的大气汞排放，结果显示中国大气汞排放总量为 536.00 吨，而煤炭燃烧造成的大气汞排放为 202.36 吨，其中约 1/3 来自燃煤电厂[41]。Hui 等编制了中国 2010 年总汞排放清单，发现进入大气、土壤和水中的汞排放分别为 633.00 吨、651.00 吨和

84.00 吨，并且 64.0% 是由国内的消费引起的[42]。

除了单一年份的排放清单，也有学者编制了中国长时间序列的大气汞排放清单。Wu 等计算了中国 1978~2014 年的大气汞排放清单，发现在此期间中国排放的大气汞总量为 13294.00 吨，其中零价汞、二价汞和颗粒汞分别占比 58.2%、37.1% 和 4.7%，排放总量年均增长 147.00 吨，主要的汞排放源包括工业锅炉、金属冶炼、水泥制造和燃煤电厂[6]。Zhang 等具体核算了 2000~2010 年的人为汞排放，发现中国大气汞排放从 2000 年的 356.00 吨上升至 2010 年的 538.00 吨，平均增长速率达到 4.2%。此外，煤炭燃烧贡献了将近一半的大气汞排放，成为最主要的大气汞排放来源[43]。Huang 等编制了 1980~2012 年的中国人为源汞排放清单，发现汞排放在此期间从 448.00 吨增加到了 2151.00 吨，并且 2000 年之后汞排放增加的速度明显加快，其中煤炭燃烧对于大气汞排放总量的贡献在30%~40%[44]。

随着国际社会更加重视大气汞等重金属污染物的环境危害，中国近年来在大气汞污染治理方面出台了一系列政策，尤其是针对燃煤发电部门，一方面大规模淘汰落后和过剩产能，遏制煤炭消费总量的增长，另一方面改善燃烧技术并加装污染物脱除设施，从源头减少各类污染物的排放[45]。Hu 和 Cheng 发现中国燃煤电厂的大气汞排放量在 2007 年达到峰值（105.40 吨），并且脱硝装置的安装比例从 2011 年的 28% 提高到 2014 年的 80%，使煤电相关的大气汞排放逐年减少[46]。图1-4 总结了部分现有文献核算的中国电力部门大气汞排放清单[6,40,41,47,48]，研究结果表明，燃煤电厂大气汞排放峰值出现在 2006~2010 年，而 2015 年的燃煤电厂大气汞排放已经下降到 20 世纪 90 年代的排放水平。上述结果证明燃煤电厂大气汞排放得到了有效控制，但缺乏针对减排清单及其影响因素的量化分析。

因此，部分学者聚焦电力清洁低碳转型导致的大气汞排放变化，编制了涵盖不同时间序列的煤电大气汞减排清单。Tian 等量化分析了中国燃煤电厂大气汞排放在 2000~2010 年的时空分布特征，发现燃煤电厂在中国大气汞排放总量中的占比从 24.99% 下降到 17.64%，并且其排放总量经历了先上升后下降的过程，在 2006 年之后年均下降速率为 4.19%[48,49]。Liu 等总结了不同省份的污控设施安装比例和能源消耗水平，构建了中国汞减排评估模型，从省级尺度核算了 2013~2017 年中国大气汞减排量，发现在此期间大气汞排放共减少 127.00 吨，其中燃煤电厂贡献了约 45.00% 的大气汞减排量[50]。上述文献从省份或国家尺度出发，核算了较为完整的电力部门大气汞排放清单，但大多依靠不同部门的缺省排放因子，忽略了不同地区、不同机组、不同技术煤电大气汞排放的特征差异。

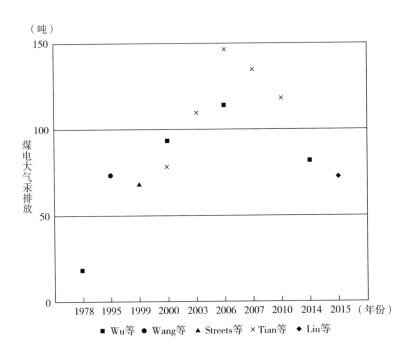

图 1-4　中国燃煤电厂大气汞排放文献调研

为了进一步探究不同煤电机组的大气汞排放规律，为制定"一厂一策"的精细化管理策略提供支撑，少量学者开发了高分辨率的重金属排放清单核算模型，构建了点源级别的重金属排放数据库。Liu 等利用自下而上的清单编制方法，收集整理了每个燃煤机组的重金属含量和污控设施组合，编制了 2015 年中国燃煤电厂精确到机组的汞排放清单，结果表明中国燃煤电厂 2015 年汞排放总量为 73.00 吨，其中零价汞、二价汞和颗粒汞分别为 54.00 吨、18.00 吨和 1.00 吨，并且燃煤电厂的汞排放强度为 18.30 克/百万千瓦时[47]。Zhu 等编制了京津冀 1980~2012 年的高分辨率微量元素排放清单，发现北京是锑排放最高的城市，而其余 11 种微量元素排放最多的城市都是唐山[51]。然而，上述点源清单研究仅关注单一年份的煤电大气汞排放，尚未涉及电力转型政策对大气汞排放的影响评估。

综上所述，目前国内外关于重金属的排放清单编制方法较为完善，总结了长时间序列、覆盖多排放部门、涉及各种污染物类型的排放数据，为本书的研究提供了不同污控设施组合的汞脱除效率等基础数据。然而，现有研究主要以省份或国家为研究对象，缺少精确到电厂或机组的高分辨率汞排放清单，无法全面反映不同锅炉类型、燃煤种类、污控设施组合等参数对燃煤电厂汞排放时空分布的具体影响。此外，少数高分辨率汞排放清单聚焦单一年份，对电力转型政策的汞减排效益研究不足，不能满足对点源电厂制定精细化、差异化减排政策的要求。

1.2.2 汞排放相关健康影响研究进展

重金属排放到大气中有一周左右的生命周期，但附着到颗粒物上时甚至能存活一个月。在大气传输的作用下，重金属污染物能够跟随大气进行长距离的传输，具有显著的跨区域影响特性[52]。目前国内外有许多学者针对大气传输对于各类污染物转移的具体影响，开发了各种在线和离线的大气传输耦合模型，用于分析污染物排放的运动轨迹，并定位其原始排放源[53-55]。王世强等基于美国国家环境预报中心提供的气象资料，结合 HYSPLIT 后向轨迹模式和聚类分析方法，定量分析了广州颗粒物在大气中不同的传输路径，并进一步核算了各传输通道对广州颗粒物浓度的影响[56]。李婷苑等探究影响广州番禺 PM2.5 浓度的主要因素，结果表明其他地区对番禺当地 PM2.5 浓度的影响占比达 69%，其中主要的三条污染物输送通道为北路、沿海路和东北路[57]。Jiang 等采用 GRAPES-CUACE 模型模拟解析北京雾霾天气的影响因素，发现北京在 2013 年 12 月 7 日的 PM2.5 浓度 50% 来自周围省份[58]。Meng 等采用了化学模式在线耦合的全球大气传输模型，并结合高分辨率的污染物排放清单，定量分析了全球尺度下黑碳大气传输和国际贸易造成的跨区域影响[59]。

此外，针对汞排放的大气传输模型研究相对较少，部分学者利用现有的化学传输模型构建了大气汞传输的核算框架。Pacyna 等根据欧盟全球汞排放观测系统的数据，对当前和未来的汞排放、大气汞浓度和汞沉降结果开展定量的评估，并采用了 GLEMOS 和 ECHMERIT 两种全球化学传输模型评估未来的汞排放效应[60]。Corbitt 等利用 GEOS-Chem 全球模型来追踪汞排放在大气循环中的具体路径，结果表明二价汞的循环周期较短，而零价汞的循环周期长达 6 个月，并且汞排放对排放源所在半球的影响更为显著[61]。Chen 等基于 5 种 GEOS-Chem 模型，揭示了全球 11 个主要大陆汞排放的"源头—受体"关系，结果表明东亚的大气汞浓度 60% 以上来源于附近区域的汞排放，且东亚贡献了北美地区 16% 左右的汞沉降[62]。上述研究利用大气化学模型追踪了不同污染物的传输轨迹，证明了污染物排放具有较强的跨区域影响，但缺乏针对中国的高分辨率汞排放溯源模型，无法揭示中国不同省份间汞排放的大气传输效应，不能满足制定区域协同汞减排政策和责任分摊机制的要求。

针对汞排放的健康效益，现有研究构建了涵盖汞排放在生态环境中沉降、富集和摄入过程的完整反应链条（见图 1-5），为后续开展中国汞减排健康效益提供了理论基础。Clarkson 总结了汞排放在生态系统中的循环路径，指出气态汞可以溶于水并氧化为二价汞，从而可以和雨水一起重新回到地表，然后被微生物转化为甲基汞[63]。随后，甲基汞可以通过浮游生物等进入食物链循环，能够在大型食肉性鱼类的身体中呈现出富集效应，最终进入人体的各个器官[64,65]。Zahir

等发现甲基汞可以通过空气、水、食物、化妆品和疫苗等途径进入人体，而摄入过多鱼类和海产品的人群有更高的甲基汞暴露风险[66]。此外，即使是低剂量的汞污染，也能够造成神经、肾脏、免疫、心脏的基因系统的紊乱，尤其是对胎儿和儿童的神经发育造成严重危害。Ha 等总结了现阶段关于汞排放健康效益的研究，发现大米和护肤霜也是潜在的暴露途径[67]，但目前缺乏较为全面的健康影响分析[67]。Sunderland 等量化分析了美国食品供应变化对甲基汞暴露程度的影响，发现美国超过一半的甲基汞摄入来自太平洋的海产品[68]。上述研究主要分析了汞排放在自然界中的循环路径和沉降数据，以及对人体健康造成危害的主要形式，但缺乏对健康影响定量的评估指标和具体数据，尚未形成涵盖汞排放源头、大气传输过程、食物链富集、健康影响评估的长链条汞排放健康影响评估框架。

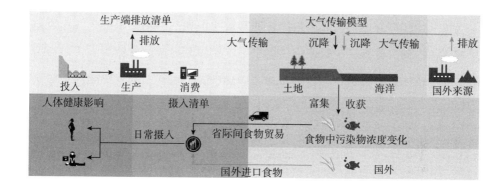

图 1-5　大气汞排放在生态环境中的循环链条示意图[22,69]

目前，部分学者从构建了长链条的汞减排效益的综合评估模型，从不同的角度量化汞减排的社会经济效益。Bellanger 等以头发中的汞含量作为检测标准，发现汞含量每升高 1 微克/克都会导致智商平均降低 0.47[70]。研究结果显示，欧洲每年有超过 180 万新生儿的甲基汞暴露量超过 0.58 微克/克的限值。如果能够严格控制甲基汞暴露量，就能够每年减少 60 万智商损失，相当于每年 80 万~90 万欧元的经济效益。Giang 和 Selin 构建了基于汞排放综合效益的评估模型，以避免智商损失和经济效益两个指标，具体核算了美国汞减排的健康效益和经济效益，发现美国出台的汞排放及空气毒素标准在 2050 年将带来超过 3000 亿美元的经济效益[71]。Chen 等构建了长链条的中国汞排放风险溯源模型，定量评估了中国 2010 年汞排放导致的人均婴儿智商损失（0.14 点）和心脏病死亡病例（7360例），并且分别从生产和消费视角揭示了汞排放的跨区域健康影响，发现超过一半的健康影响来自排放源以外的地区[22]。

大气传输效应导致汞排放发生长距离的转移，对排放源以外的地区造成跨区域的影响，因此某单一地区的污染问题不能仅仅考虑污染源的排放控制，还需要建立跨区域的联合治理策略。现有文献大多聚焦汞排放大气传输或健康影响某一方面的具体研究，并且由于中国缺少点源级的高分辨率汞排放清单，不满足网格化大气传输模拟的要求，缺乏涵盖从排放到健康影响全链条的中国大气汞排放健康影响评估框架。此外，少数研究核算了中国整体汞排放的健康影响，但没有考虑电力转型措施对燃煤电厂汞排放及相关健康效益的影响，并且尚未建立汞减排健康效益与可持续发展目标间的响应关系。因此，为了量化分析电力转型策略的汞减排相关健康收益，进一步完善电力转型政策对可持续发展目标影响的指标体系，亟须构建针对电力部门的长链条汞减排健康风险评估模型。

1.2.3 电力部门对水资源影响研究进展

中国电力部门是主要的工业耗水来源之一，2020 年电力部门的取水量超过 470 亿立方米，占工业部门用水总量的 40%[72]。为了准确评估电力清洁低碳转型对水资源消耗的影响，亟须编制高分辨率的电力部门水资源消耗清单，辨识影响电力部门水资源消耗的关键参数，从而实现电力部门清洁低碳和节约用水的双重目标。

现有文献大多聚焦能—水连接关系，编制了不同尺度的能源相关耗水清单，并在此基础上探究能源消耗和电力生产对水资源的影响。IEA 的能—水连接报告中指出，能源部门贡献了全球 10%的取水量，主要集中在电力生产和化石能源开采环节[73]。Zhang 和 Anadon 综合运用投入产出和生命周期方法，量化分析了中国能源部门的水资源影响[74]。研究发现，2007 年中国能源生产引起的取水量和耗水量分别为 614 亿立方米和 108 亿立方米，分别占全国总量的 12.3%和 4.1%。此外，研究还发现东南沿海地区贡献了主要的取水量，而西北部干旱地区的耗水量更大。Liao 等发现中国热电厂 2014 年共消耗地表水 46.4 亿立方米，并且预测在现行政策下，2050 年中国火电行业的取水量和耗水量将分别达 280 亿立方米和 150 亿立方米[75]。关伟等利用生命周期分析方法核算中国电力行业水足迹，发现 2016 年中国电力水足迹总量为 482.79×10^8 立方米，相比于 2004 年增长 200%，并且全国 1/3 的地区存在能—水不匹配的问题[76]。Ma 等针对中国燃煤电厂开展水足迹分析，研究结果表明，2015 年中国燃煤电厂每生产 1 兆瓦时的电力，需要消耗的灰水和蓝水量分别为 1.78 立方米和 1.35 立方米[77]。Zhang 等计算了中国燃煤电厂 2012 年的水资源消耗清单，总结了 4 种冷却方式的耗水强度，发现中国燃煤电厂耗水强度为 1.15 升/千瓦时，而超过 80%的水资源消耗来自采用闭式循环冷却技术的燃煤电厂[78]。

在电力转型对水资源消耗的影响方面，以往文献主要关注燃煤电厂水资源消耗清单的时空演化规律，从不同方面提出了减少水资源消耗的政策建议。Zhang 等总结了装备不同类型冷却设施火电厂的取水强度和耗水强度，编制了中国火电行业 2000~2015 年的高分辨率水资源消耗清单，发现全国层面的火力发电量增长和取水量已经脱钩，并在此基础上利用火电厂用水量与当地水资源储量的比值评估其水资源压力的大小[79-81]。Li 等在编制 2016 年中国燃煤电厂用水清单的基础上，评估了燃煤电厂自身的节水潜力[82]。结果表明，2016 年各省份煤电用水强度为 0.52~1.85 升/千瓦时，在煤电行业节水措施的影响下，2020 年用水强度会在 2016 年的基础上降低 0.04~0.27 升/千瓦时，可以节约水资源使用量超过

6×10^8 立方米。Jia 等在评估能源部门对当地造成的水资源压力时，发现中国西北地区的工业用水压力要显著高于全国平均水平，并且跨区域的电力传输会加剧电力输出地的水资源紧张程度，而技术进步带来的耗水强度降低能够缓解当地的水资源压力[83]。Algunaibet 等基于全球生命周期的概念，并利用人口和增加值等参数将水资源行星边界降尺度运用到美国电力部门，并基于行星边界数据作为评价美国电力部门的可持续发展的具体指标，发现煤电、核电和天然气发电的淡水使用量超过了其用水上限的 4 倍[84]。

由于风电和光伏等新能源发电的水资源消耗很少，在运行过程中只有清洗光伏板会直接消耗淡水资源，大多文献聚焦新能源替代的节水潜力或生命周期内的新能源用水量[85-87]。Yang 和 Chen 以具体案例核算了风电在整个生命周期的水资源消耗量，发现其取水量和耗水量分别为 284000 吨和 96900 吨，要远小于燃煤电厂对水资源的影响[88]。项潇智和贾绍凤总结了中国不同发电种类的耗水总量和耗水强度，证实了风电、核电和太阳能发电在快速扩张的同时并没有大规模增加水资源消耗[89]。Fthenakis 和 Kim 对比分析了美国不同发电方式的生命周期耗水量，发现无论是运行阶段还是整个生命周期内，风电和光伏的耗水强度都低于燃煤发电等传统能源的耗水强度，而光伏在运行阶段的耗水强度仅为 15 升/万千瓦时[90]。Meldrum 等发现光伏板在运行过程中的耗水强度约为 0.02 立方米/万千瓦时，还不到多晶硅制造过程中耗水强度的 1/10，而风电在运行过程中几乎不消耗淡水资源[85]。

此外，燃煤电厂改造措施中新增湿法烟气脱硫（Wet Flue Gas Desulfurization，WFGD）装置也会导致耗水量增加，但在燃煤电厂总耗水量中占比较小，影响WFGD 装置耗水量的主要因素包括排烟温度和烟气量等参数[91,92]。陈海占等以30 万千瓦火电机组为研究案例，构建了 WFGD 的耗水分析模型，对烟气中水蒸气、烟气携带液态水、石膏含水量、排放废水 4 个主要耗水环节进行了量化分析，发现 WFGD 装置超过 80% 的耗水来源于烟气带走的水蒸气[93]。Xiao 等模拟了 60 万千瓦机组的不同运行工况，发现烟气温度和煤炭中硫含量对 WFGD 耗水量的影响较大[94]。当烟气温度从 120℃提高到 200℃时，会导致废水量和水蒸发量分别增加 25.30%和 102.35%。因此，安装烟气换热器可以通过降低烟气温度的方式，减少 WFGD 系统的整体耗水量。孟智超针对 66 万千瓦火电机组的耗水、能耗和排污等指标构建评估和优化模型，研究结果表明烟气中带走的水蒸气占脱硫系统耗水总量的 91.52%，而系统整体的耗水强度为 94.11 吨/小时[95]。

上述研究主要聚焦燃煤电厂的水资源消耗问题，编制了不同视角的水资源消耗清单，其中少数研究涉及点源高分辨率清单，但没有针对电力转型措施对水资源的影响展开量化分析，缺乏电力转型对水资源相关可持续发展目标的影响评估。此外，部分研究从具体案例出发，核算了燃煤电厂脱硫设施的水资源消耗量，但没有结合电力部门转型措施探究新增 WFGD 导致的耗水增加量。虽然对于水冷机组来说，污控设施的耗水量占比较小，但在空冷机组中脱硫设备的耗水量占比超过了 30%。随着空冷机组在燃煤电厂中得到更为广泛的应用，在评估燃煤电厂水资源消耗时脱硫系统成为不可忽视的因素。在水资源压力评估方面，大多采用电力部门用水量与当地水资源总量的比值评估其水资源压力，不能反映不同地区产业结构的差异，对水资源压力较大的地区缺少具体的用水上限指标，不利于制定合理的电力部门节水目标。

因此，基于高分辨率的耗水清单，定量评估电力转型各项措施对水资源消耗的影响，并结合水资源行星边界理论评估当地水资源压力，能够揭示电力转型与水资源相关可持续发展目标的内在联系，为制定多目标协同优化的电力转型和可持续发展策略提供数据参考和方法支撑。

1.2.4 电力部门的就业影响研究进展

电力转型不仅会影响电力部门的就业，也会改变上游供应链及其他相关部门的就业结构，现有文献通常采用就业因子估算、投入产出分析和宏观经济系统模型三种类型的方法，从直接（Direct）效应、间接（Indirect）效应和引致性（Induced）效应三个方面量化分析电力转型的就业影响[96-98]。就业因子估算法是基于经验或调研数据估算电力部门的直接就业和间接就业，但无法反映不同经济部门之间的具体联系，已有研究总结了不同国家电力部门的就业因子，为探究电力部门就业效应的相关研究奠定了数据基础。Cetin 和 Eğrican 聚焦土耳其光伏和光热发电的就业效应，发现建设 1000 千瓦的光伏电站就会带来 37~46 个就业岗位，而 1000 千瓦光热发电站的直接就业和间接就业相对较小（10 个就业岗位）[99]。假设 2020 年土耳其光伏和光热电站装机容量达 500 万千瓦，将会创造约 20 万个就业岗位。Tourkolias 和 Mirasgedis 总结了希腊电力部门不同种类能源的就业因子[100]，例如，1000 千瓦风电和光伏在运行环节拉动的就业岗位分别为 7.5 个和 4.1 个，而光伏在建设环节带来的就业岗位是风电的两倍多。Rutovitz 等总结了北美和欧洲的可再生能源在建设安装、运行维护等环节的就业因子，结果表明，欧洲在运维环节单位装机容量需要的就业人数多于北美地区[101]。以离岸风电为例，欧洲 10 万千瓦风电的仅运行维护环节就需要 20 人，而北美则需要 9 人。国际可再生能源署将可再生能源就业分为制造建设安装和运行维护两个环节，统计了不同国家和地区的风电、光伏、水电等可再生能源的平均就业因子，发现不同国家和地区之间由于经济发展、技术水平等因素的不同，导致就业因子也存在显著的差异[25]。国际劳工组织基于环境投入产出方法构建了全球能源低碳转型对于就业的影响指标，发现在 2℃目标下，2030 年全球能源转型将创造 1800 万个就业岗位，其中水力发电行业是增加就业岗位最多的能源部门[102]。上述文献总结了各个国家和地区不同能源种类的就业因子，可以用来评估电力部门的直接就业和间接就业影响，但无法反映电力部门和其他经济部门间的动态联系，也不能从宏观角度出发评估电力转型对总体就业的影响。

投入产出方法和以 CGE 为代表的宏观经济模型可以用来分析电力转型对就业的直接效应、间接效应，也可以探究家庭收入变化、资本竞争、电价变动、劳动工资变动等因素对就业的引致效应，进一步从宏观角度揭示经济社会内部的影响规律，从而准确评估电力转型对就业结构的整体影响[103]。Lehr 等综合考虑了德国大规模发展可再生能源的积极影响和消极影响，包括可再生能源带来的直接就业和间接就业、可再生能源投资对传统能源投资的挤压效应、可再生能源进出口对国内就业的影响等方面[104]。研究结果显示，大规模发展可再生能源会在德国带动 50 万~60 万个就业岗位，并使就业岗位净增加 15 万个。Fragkos 结合就业因子和一般均衡分析方法，探究欧盟可再生能源扩张对就业结构的总体影响，结果证实了发展可再生能源具有更高的就业强度，能够显著增加就业岗位[105]。预计到 2050 年，可再生能源部门的直接就业将占欧盟整体就业市场的 1%，同时导致 1.3% 的欧盟就业岗位被重新分配到其他行业。陆旸利用向量自回归方法分析征收碳税对中国就业的影响，认为如果每吨碳排放征收 10 元的碳税，对未来 5 年内中国就业增长率的影响比较有限，难以实现产业发展和就业增长的"双重红利"[106]。谭永生聚焦经济低碳发展对就业的影响，发现清洁低碳转型将导致就业岗位在城乡和地区之间重新分配，同时创造大量的新增就业岗位[107]。O' Sullivan 和 Edler 利用投入产出方法量化分析德国 11 种可再生能源的直接就业和间接就业，发现德国可再生能源部门的就业人数从 2000 年的 10.51 万上升到 2018 年的 30.44 万[108]。Cai 等从受教育程度和性别平等的角度分析了中国清洁能源发展对就业结构的影响，研究表明，虽然清洁能源的发展会在 2011~2020 年带来 700 万个新增就业岗位，但同时也存在加剧性别不平等和就业结构失衡的风险[109]。Mu 等用 CGE 模型框架探究中国可再生能源政策对就业影响的直接效应、间接效应和引致效应，发现太阳能和风能每产生 10 亿度电就会分别导致直接就业和间接就业岗位增加 4.51 万个和 1.58 万个，但引致就业还与能源种类、补贴机制等有很大的关系，可能会导致经济部门就业岗位总量的减少[110]。

上述文献大多关注可再生能源发展产生的就业影响，相关研究证实了大规模可再生能源扩张对直接就业和间接就业的拉动作用，但是将电力部门作为整体来考虑其直接就业和间接就业影响的研究较少，并且缺乏关于不同年份直接就业和间接就业影响的对比分析，无法量化电力转型对发电部门及上游产业就业结构的具体影响，不能准确反映电力转型对社会整体就业相关可持续发展目标的作用程度和影响路径。在研究方法上，由于就业因子估算法是基于经验或调研数据估算电力部门的直接就业和间接就业，无法揭示不同经济部门之间要素流动对就业的影响路径，而投入产出方法和宏观经济模型都可用来揭示电力部门对就业的直接效应、间接效应和引致效应，但以 CGE 为代表的宏观经济模型对数据的要求更高，通常用来模拟能源价格、投资成本等经济指标对引致就业的影响。此外，投入产出方法能够更直观地反映部门间要素流动，可以结合直接就业的基础数据核算间接就业影响，也能够通过多年份对比探究电力转型过程中就业结构的变化及其影响机理[111]。然而，电力部门在投入产出表中没有细分不同的能源种类，没有体现电力清洁低碳转型导致其就业结构的变化。

因此，为了准确评估电力转型对不同能源种类发电部门的直接就业和间接就业影响，亟须在多年份的投入产出表的基础上将电力部分拆分为不同的能源种类，利用投入产出方法、结构路径分析等经济模型开展电力转型对就业影响的量化分析，从而揭示电力转型对整体就业结构的影响程度和作用路径，明确电力转型对就业相关可持续发展目标的协同或权衡关系。

1.3 研究框架

综上所述，中国电力系统正在发生系统性变革，具体措施包括淘汰电厂、新增脱硫脱硝等污染物控制设施、能效提升和可再生能源替代等方面。然而，现有文献尚未构建针对中国电力清洁低碳转型对可持续发展目标的影响评估模型，无法准确评估不同系统、不同可持续发展目标间的冲突或协同作用，不利于制定多系统、多目标协同优化的电力清洁低碳转型政策。基于此，本书综合利用"自下而上"清单编制方法、汞排放健康风险溯源模型、投入产出和结构分解分析方法，选取了大气汞排放、健康效益、淡水资源、就业影响和可再生能源占比 5 个可持续发展目标评价指标，评估中国电力清洁低碳转型对可持续发展目标的影响，研究框架及技术路线如图 1-6 所示。具体研究内容如下：

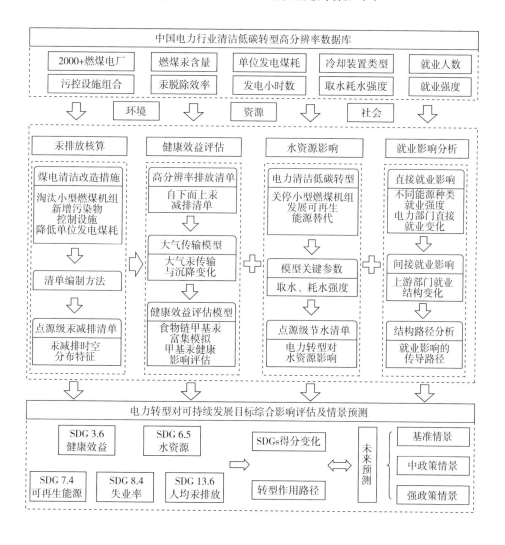

图 1-6　本书研究框架及技术路线

第一，收集整理"十二五"期间涉及小型煤电机组关停、新增污染物控制设施、机组发电效率提升三个转型措施的电厂信息，并广泛调研不同类型的燃煤电厂具体运行参数，包括装机容量、燃煤消耗量、机组类型、年发电量、污控设施组合等具体数据，开发精确到点源的电厂级排放因子数据库。基于上述基础数据，编制多年份的高分辨率燃煤电厂汞减排清单，并进一步计算零价汞、二价汞、颗粒汞三种汞排放形态占比，辨识燃煤电厂汞减排的关键措施和重点区域，为后续的大气传输和汞减排健康效益评估模型提供数据基础。

第二，以高分辨率的汞减排数据为基础，将汞排放数据网格化后作为化学传输模型 GEOS-Chem V. 9-02 的输入条件，对中国地区汞排放进行了水平分辨率为 1/2°×2/3° 的嵌套模拟，得到燃煤电厂汞排放的沉降分布。结合中国汞排放健康风险溯源模型，本书首先估算了 10 类食品（大米、小麦、豆类、蔬菜、猪肉、家禽、牛奶、鸡蛋、海鱼和淡水鱼）中的甲基汞浓度随环境介质的变化；其次通过食物传输和摄入的路径编制了中国人群的甲基汞摄入量清单；最后结合以往的流行病学研究范式，根据甲基汞的饮食摄入，以胎儿智商下降和致命性心脏病发作死亡两个指标评估中国燃煤电厂的汞减排健康收益。

第三，总结了中国电力部门不同能源种类的就业因子，核算 2012 年和 2017 年中国不同发电类型行业的直接就业人数。在此基础上，以 2012 年和 2017 年投入产出表为研究基础，将电力部门拆分为输配电、煤电、天然气、水电、核电、风电和太阳能 7 个部门，利用投入产出分析方法核算上游产业链的间接就业人数，解析电力部门对其他行业就业的拉动效应。进一步地，利用结构路径分析揭示电力转型对就业结构的影响机理，辨识不同产业部门间主要的影响路径和关联特征。

第四，基于点源电厂的基础数据库，根据不同冷却方式、发电类型电厂的水资源消耗强度，编制了高分辨率的电力部门水资源消耗清单。此外，本书结合了各类电力转型具体措施，核算了关停小型燃煤机组、新增光伏发电站对水资源消耗的影响，并结合水资源行星边界方法评估当地电力部门造成的水资源压力。

第五，在上述结果的基础上，确定不同可持续发展目标指标的上限和下限，利用可持续发展评价方法针对电力转型对不同可持续发展目标的影响进行规范化的评分，探究电力转型对可持续发展目标整体的促进或抑制作用。此外，设置不同的电力转型政策情景，量化评估未来电力转型对可持续发展目标的影响，识别不同可持续发展目标间的促进或矛盾关系，提前为可能出现的风险和问题制定应对策略，实现电力转型和可持续发展的协同推进。

第2章 燃煤电厂大气汞减排点源级清单编制

2.1 引言

汞排放作为主要的重金属污染物在全球引起了广泛关注，128个国家共同签署了《关于汞的水俣公约》，要求在全球范围内限制汞排放，并定期评估汞减排措施的有效性。燃煤电厂作为重要的汞排放源之一，是中国汞减排策略的主要关注对象。因此，中国针对燃煤电厂出台了一系列电力转型措施，包括淘汰落后小机组、升级末端污控设施、提升能源利用效率等具体举措，并取得了显著的减排成果。《电力发展"十三五"规划》中指出，"十二五"期间中国电力系统能源结构持续优化，火力发电占比从73.2%下降到64.9%，火电机组平均供电标准煤耗下降18克/千瓦时，同时脱硫—脱硝—静电除尘等联合污控设施安装比例大幅提升，电力部门二氧化硫和氮氧化物排放总量下降幅度超过40%，但上述电力转型措施对汞减排的影响仍然有待明确。

一方面，现有研究主要关注常规污染物，Wu等发现在2005~2015年，燃煤

电厂升级末端污控设施和关停落后小型机组可以分别减少 7.9 微克/立方米和 2.1
微克/立方米的 PM2.5 暴露量，并且严格执行的超低排放标准还将使 PM2.5 暴露
量进一步降低 2.5 微克/立方米[16]。另一方面，现有研究大多从国家和省份出
发，关注宏观尺度的重金属排放时空演化规律，缺少精确到点源的燃煤电厂重金
属排放清单，忽略了不同地区和电厂之间的参数差异，存在精确度不高、不确定
性较大等问题。Liu 等编制了 2015 年中国燃煤电厂的高分辨率汞排放清单，但单
一年份的研究不能反映排放变化趋势，也无法准确评估电力清洁低碳转型措施对
汞排放的具体影响[47]。

此外，现有的可持续发展目标指标体系并未涵盖以汞排放为代表的重金属污
染物，无法全面反映电力转型对环境排放和可持续生产的影响。为了全面评估电
力转型策略对不同地区、不同电厂汞排放的影响，本书详细调研了 1288 座电厂
的燃煤种类、煤炭消耗总量、污控设施组合等技术参数，构建了精确到电厂的大
气汞排放因子数据库，为编制点源级高分辨率减排清单奠定了坚实的基础。本章
的主要内容是结合"自下而上"的清单编制方法，准确核算淘汰落后小机组、
升级末端污控设施、提升能源利用效率三种减排措施的汞减排效益，编制了
2011~2015 年高分辨率汞减排清单，从而辨识影响汞排放的关键参数和重点区
域，准确评估电力转型措施的汞减排效益，为制定最优的电力转型和可持续发展
路径提供数据参考和政策建议。

2.2　清单编制方法

2.2.1　点源级燃煤消耗量

本章详细调研了 2011~2015 年关停小机组、新增污控设施、能效提升三种

减排措施涉及的电厂运行参数，其中 1288 个电厂有精确的燃煤消耗量数据，占总样本装机容量的 90% 以上，能够较为全面地反映各电厂的实际运行情况。由于少数电厂缺少燃煤消耗量的相关信息，本章基于装机容量、平均发电小时数、单位发电煤耗等数据估算其燃煤消耗量，具体计算方式如下：

$$C_{ij} = P_{ij} \times H_i \times E_i \tag{2-1}$$

其中，C_{ij} 表示省份 i 发电厂 j 的估算燃煤消耗量；P_{ij} 表示省份 i 发电厂 j 的装机容量；H_i 表示省份 i 所有燃煤电厂的年平均运行小时数；E_i 表示省份 i 所有燃煤电厂的单位发电量煤耗。

2.2.2 消费煤炭中汞含量

煤炭汞含量是影响汞排放的重要因素，但不同生产地的煤炭汞含量存在较大差异，且中国煤炭的生产地和消费地严重错位，东部发达地区的煤炭消费需要中西部地区的煤炭生产来满足。因此，不同省份燃煤电厂消费的煤炭中汞含量十分不同，需要综合考虑煤炭生产地的汞含量信息，才能得出准确的消费煤炭汞含量结果。本章结合中国煤炭运输矩阵，根据 Liu 等的研究方法核算不同省区的煤炭中汞含量[47]，具体方法如下：

$$Z_c = T \times Z_p \tag{2-2}$$

$$Z_c = \begin{bmatrix} Z_{c1}, & Z_{c2}, & Z_{c3}, & \cdots, & Z_{cm} \end{bmatrix} \tag{2-3}$$

$$T = \{ t_{ij} \}_{m \times m} \tag{2-4}$$

$$Z_p = \begin{bmatrix} Z_{p1}, & Z_{p2}, & Z_{p3}, & \cdots, & Z_{pm} \end{bmatrix}^T \tag{2-5}$$

其中，Z_c 表示消费煤炭中的汞含量矩阵，是生产煤炭中的汞含量矩阵；T 表示中国不同省份之间的煤炭运输矩阵（详见附表2），t_{ij} 表示省份 j 供应煤炭在省份 i 消费煤炭中的占比；m 表示本书中涉及的省份数量。

在上述方法的基础上，本章结合各煤炭产地的汞含量信息和省际煤炭运输矩阵，最终得到了不同地区燃煤电厂消费煤炭的汞含量，进一步提高了数据精度，减少了消费煤炭不同带来的计算误差。表 2-1 总结了不同省份的洗煤比例、生产煤炭中汞含量、消费煤炭中汞含量的详细数据，为后续编制大气汞减排清单提供了坚实的数据基础。

表 2-1　中国不同省份的洗煤比例和煤炭中汞含量[6,17,47,48]

单位:%，克/吨

省份	洗煤比例	汞含量	
		生产内煤炭	消费煤炭
安徽	19.93	0.20	0.20
北京	0.77	0.55	0.15
重庆	8.61	0.26	0.26
福建	0.00	0.07	0.14
甘肃	0.00	0.09	0.07
广东	0.01	0.06	0.16
广西	0.02	0.35	0.22
贵州	0.23	0.21	0.21
海南	0.00	0.00	0.16
河北	1.45	0.15	0.16
黑龙江	6.09	0.05	0.10
河南	5.13	0.19	0.18
湖北	0.00	0.16	0.20
湖南	0.00	0.14	0.15
内蒙古	0.63	0.17	0.17
江苏	1.79	0.27	0.19
江西	0.00	0.27	0.23
吉林	0.59	0.07	0.11
辽宁	9.89	0.14	0.14
宁夏	1.49	0.21	0.20
青海	0.00	0.04	0.08
陕西	0.23	0.21	0.21
山东	4.53	0.14	0.15

续表

省份	洗煤比例	汞含量	
		生产内煤炭	消费煤炭
上海	0.00	0.00	0.18
山西	6.22	0.15	0.15
四川	4.20	0.16	0.17
天津	0.00	0.00	0.18
新疆	0.27	0.03	0.03
西藏	0.00	0.00	0.00
云南	1.15	0.36	0.36
浙江	0.03	0.00	0.18

2.2.3 高分辨率大气汞减排清单编制

本章详细调研了 2011~2015 年关停小机组、新增污控设施、能效提升三种减排措施涉及的电厂运行参数，包括燃煤汞含量、释放率、洗煤比例、污控设施脱除效率等，构建了中国燃煤电厂高分辨率大气汞减排清单核算模型。

电力部门淘汰落后产能主要是针对单机容量小于 30 万千瓦的燃煤机组，这些小型机组通常没有安装完善的末端污染物控制设施，并且采用能效较低的亚临界锅炉，具有高能耗、高污染等特点。据统计，2011~2015 年中国共关停小型燃煤机组 3323 万千瓦，约为日本燃煤电厂装机总量的 3/4。本部分以 2010 年该电厂淘汰前为基准，核算关停小机组的汞减排量，具体如下：

$$E_{ij}^1 = C_{ij} \times A_i \times (1 - Q_i \times \omega) \times R \times (1 - \eta_{ij}) \tag{2-6}$$

其中，E_{ij}^1（单位：吨）表示区域 i 中发电厂 j 的汞排放量；C（单位：吨）表示发电厂 j 煤耗量；A_i（吨/吨）表示区域 i 消费煤炭中的平均汞含量（见表 2-1）；Q_i（单位：%）表示省份 i 燃煤电厂耗煤中洗选煤占比；ω（单位：%）表示洗煤脱汞效率；R（单位：%）是释放率，表示烟气中的汞与消费煤中的汞含量的比值（R 的值通常约为 99%）；η_{ij}（单位：%）表示区域 i 燃煤电厂 j 脱硫脱硝等污染物控制设施的汞脱除效率（见表2-2）。

表 2-2 燃煤电厂不同污控设施组合的汞脱除效率[17,47] 单位:%

APCDs	脱除效率	不同汞形态占比		
		零价汞	二价汞	颗粒汞
ESP	32.4	58	41	1.3
FF	67.2	50	49	0.5
WFGD+ESP	60.3	84	16	0.6
WFGD+FF	86.0	78	21	1.0
SCR+WFGD+ESP	70.2	72	27	1.0
SCR+WFGD+FF	87.8	37	61	2.0
SNCR+WFGD+ESP	98.1	51	48	1.0

注：静电除尘（Electrostatic Precipitator，ESP）、袋式除尘（Fabric Filter，FF）、湿法烟气脱硫（Wet Flue Gas Desulfurization，WFGD）、选择性催化还原法脱硝（Selective Catalytic Reduction，SCR）、选择性非催化还原法脱硝（Selective Non-Catalytic Reduction，SNCR）。

截至2010年底，尚未安装脱硫、脱硝设施的燃煤电厂分别占全国总量的14%和88%。近年来，中国政府出台了一系列针对末端污控设施的政策，如《火电厂大气污染物排放标准》《燃煤电厂超低排放与节能计划》《全国煤电机组改造升级实施方案》等，旨在通过改进燃煤电厂脱硫、脱硝和除尘等污控设施的脱除效率，从而减少各类污染物排放。然而，燃煤电厂的各类污控设施不仅能脱除常规污染物，也能够大幅降低汞排放，不同的污控设施汞脱除效率甚至可以提高1倍以上，各类污控设施组合的脱汞效率如表2-2所示。新增脱硫脱硝等污染物控制设施导致的汞减排量计算公式如下：

$$E_{ij}^2 = C_{ij}^{t2} \times A_i \times (1 - Q_i \times \omega) \times R \times [(1 - \eta_{ij}^{t1}) - (1 - \eta_{ij}^{t2})] \qquad (2-7)$$

其中，E_{ij}^2（单位：吨）表示新增脱硫脱硝等污染物控制设施带来的汞减排量；η_{ij} 表示区域 i 中发电厂 j 的汞脱除效率；t1 和 t2 分别表示 2010 年和 2014 年。

单位发电煤耗是指燃煤电厂每发 1 度电所消耗的燃煤量，是体现燃煤电厂总体能源利用效率的重要指标。2010～2015 年，中国火力发电标准煤耗从 333 克/千瓦时下降到 306 克/千瓦时，从而通过减少燃煤消耗量降低汞排放。本部分利用电厂单位发电煤耗的变化，具体核算了 571 个燃煤电厂的汞减排量，计算方法如下：

$$E_{ij}^3 = P_{ij}^{t2} \times (CCR_{ij}^{t1} - CCR_{ij}^{t2}) \times A_i \times (1 - Q_i \times \omega) \times R \times (1 - \eta_{ij}^{t2}) \qquad (2-8)$$

其中，P_{ij}^{t2}（单位：千瓦时）表示区域 i 中发电厂 j 在 t2 时间的年发电量；CCR_{ij}（单位：吨/千瓦时）表示区域 i 中的发电厂 j 的单位发电煤耗。

2.2.4 数据来源

中国"十二五"期间淘汰的燃煤电厂清单来自国家能源局和各地方政府公布的关停燃煤机组名单，各省份不同年份淘汰机组容量详见附表 3。中国所有燃煤电厂的耗煤量、发电量、发电煤耗等运行参数来源于中国电力企业联合会（中电联）发布的《中国电力行业统计年鉴》，其覆盖了所有装机容量在 6 千瓦以上的发电机组。此外，燃煤机组具体的污控设施组合是来自环保部公布的《全国燃煤机组脱硫设施清单》和《全国燃煤机组脱硝设施清单》，由于上述清单只截至 2014 年的燃煤机组，因此本书中新增脱硫脱硝等污染物控制设施带来的汞减排量核算范围为 2011～2014 年。

2.3 燃煤电厂改造措施大气汞减排效益

如图 2-1 所示，三种电力转型措施在 2011～2015 年带来大气汞减排效益 23.51 吨，其中零价汞、二价汞和颗粒汞占比分别为 72.38%、26.82% 和 0.80%，减排总量相当于 2010 年燃煤电厂汞排放总量的 20%。

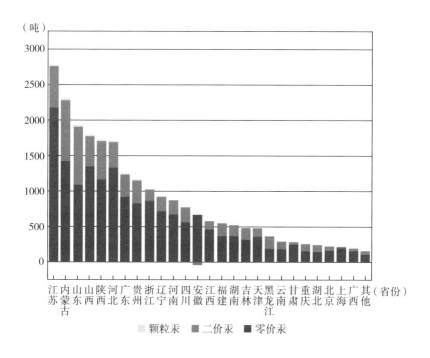

图 2-1　燃煤电厂三种改造措施的汞减排效益

全国 31 个省份（不包括港澳台地区）中，有 29 个省份实现了汞减排（各省份汞减排数据详见附表 4），其中江苏、内蒙古和山东是减排幅度最大的三个省份，减排量分别为 2.76 吨、2.29 吨和 1.92 吨。此外，甘肃、新疆和宁夏由于本身燃煤电厂的总量较小，汞减排量排在全国后三位，分别为 137.73 千克、73.45 千克和 4.82 千克。从整体来看，排名前十的省份贡献了大部分减排量，十个省份带来汞减排效益总量为 16.47 吨，占全国减排总量的 70%。在三种燃煤电厂改造措施中，新增脱硫脱硝等污染物控制设施贡献了全国减排总量的一半以上（12.02 吨），其次是关停小火电（9.19 吨）和能效提升（2.25 吨）（见图 2-1）。上述结果表明，末端污染物控制设施是现阶段最重要的大气汞减排手段，能够在保留大量燃煤发电的基础上减少汞排放带来的环境影响。此外，虽然能效提升在单一年份带来的减排量较少，但这项改造措施可以在燃煤电厂的整个生命周期持续发挥作用，也能够带来相当可观的累计汞减排收益。

中国华能集团有限公司、中国华电集团有限公司、中国大唐集团有限公司、中国国家电力集团有限公司、国家电力投资集团有限公司是著名的五大发电集团，旗下发电公司贡献了全国超过40%的装机容量和发电量，占据电力供应企业中的主导地位。如表2-3所示，本部分详细调研了不同燃煤电厂的企业性质，发现中国五大发电集团在燃煤电厂汞减排中的贡献超过50%，其中中国华能集团有限公司汞减排量最大（3040.55千克），占总减排量的14.67%，其次是中国国家电力集团有限公司（12.5%）、中国大唐集团有限公司（10.08%）、中国华电集团有限公司（8.68%）和国家电力投资集团有限公司（7.23%）。

上述结果表明，在中国电力清洁低碳转型过程中，五大发电集团作为发电行业的龙头企业，积极响应国家号召，主动承担了大量节能减排的社会责任，尤其是在新增脱硫脱硝等污染物控制设施减排措施中，超过60%的汞减排来源于五大发电集团。与此不同的是，在关停小机组减排措施中，五大发电集团的贡献明显减弱，仅占比42.99%，而地方及省级企业、个人及其他企业分别贡献了2472.59千克（30.73%）和1087.79（13.52%）（见表2-3）。这是因为五大发电集团下属发电公司主要是大型燃煤机组，拥有较高的技术水平和资金实力，因此能够优先开展超低排放改造的相关工作。然而，地方企业和私人企业小机组的占比要明显更高，且普遍存在环保水平低、技术实力不足等缺点，因此在电力转型过程中大量包括自备电厂在内的小型燃煤机组被淘汰，取得了显著的大气汞减排成果。

表2-3 汞减排量按燃煤电厂所属企业性质分类　　　　单位：千克

所属企业（简称）性质	淘汰电厂	新增 APCDs	能效提升	减排总量
华能	921.63	1846.59	272.33	3040.55

续表

所属企业（简称）性质	淘汰电厂	新增 APCDs	能效提升	减排总量
大唐	281.28	1678.51	128.72	2088.51
华电	583.35	1009.93	205.211	1798.49
国电	1035.61	1377.77	178.46	2591.84
国电投	637.97	688.71	171.03	1497.71
其他大型国企	1027.00	1440.19	152.92	2620.11
地方及省级企业	2472.59	2277.66	437.88	5188.13
个人及其他企业	1087.79	513.33	302.34	1903.46

此外，本部分统计了不同容量区间的燃煤电厂大气汞减排量，并分析了三种燃煤电厂改造措施的汞减排量及其占比，如表 2-4 所示。结果表明，新增脱硫脱硝等污染物控制设施大多数发生在大型燃煤电厂中，其中 95% 以上的大气汞减排都来自装机容量高于 30 万千瓦的燃煤电厂，小型燃煤机组在新增脱硫脱硝等污染物控制设施汞减排中的贡献占比不足 5%。淘汰电厂则呈现了完全不同的情形，仅装机容量在 10 万千瓦以下的燃煤电厂就贡献了约 1/4 的汞减排量，并且 97.49% 的关停电厂汞减排来自总装机容量 60 万千瓦以下的燃煤电厂。

表 2-4 汞减排量按燃煤电厂装机容量分类

容量范围（万千瓦）	0~10	10~20	20~30	30~60	60~120	>120
新增 APCDs（千克）	88.83	139.49	152.89	1289.77	3248.82	6516.43
比例（%）	0.78	1.22	1.34	11.28	28.41	56.98
淘汰电厂（千克）	1974.73	1478.71	1269.25	3118.86	202.27	—
比例（%）	24.55	18.38	15.78	38.77	2.51	—
能效提升（千克）	157.37	91.72	155.45	465.80	573.37	748.95
比例（%）	7.18	4.18	7.09	21.24	26.15	34.16

与新增脱硫脱硝等污染物控制设施改造措施类似，能效提升改造措施中涉及

的燃煤电厂装机容量也大部分集中在 30 万千瓦以上，占比超过 80%。这主要是因为不同装机容量的燃煤电厂适合不同的清洁改造措施。相比于小型燃煤机组，为大型燃煤机组安装脱硫、脱硝和除尘等完善的污染物控制设施具有更好的经济效益和环境效益，从而能够承担脱硫脱硝等污染物控制设施高昂的安装和运行成本。对于能效提升的燃煤电厂，装机容量更大的电厂年发电量和燃煤消耗量都会更大，所以在相同的效率提高基础上，大型燃煤机组的减排效益更为显著。

2.4 新增污控设施大气汞减排清单

研究结果表明，全国 23 个省份总装机容量为 2.56 亿千瓦的燃煤发电机组在"十二五"期间更新了污染物控制设施，带来汞减排效益 12.02 吨，其中零价汞、二价汞和颗粒汞分别为 9.95 吨、2.17 吨和 0.06 吨，占三种改造措施减排总量的51.13%（见图 2-2）。从省份角度来看，共有 5 个省份汞减排量超过 1000 千克，包括江苏（1355.30 千克）、陕西（1336.42 千克）、内蒙古（1314.92 千克）、山东（1064.33 千克）和山西（1060.45 千克），上述 5 个省份减排量占新增脱硫脱硝等污染物控制设施减排总量的 51.03%。黑龙江、甘肃和天津在所有省份中的减排量最少，分别为 152.2 千克、135.30 千克和 128.12 千克。与其他减排措施不同的是，末端污控设施的改进不仅会减少汞排放，还会改变不同汞形态的比例，这是因为 SCR 可以把烟气中的零价汞氧化成二价汞，从而增加二价汞在最终大气汞排放中的占比。当燃煤电厂的污控设施组合从"WFGD＋ESP"换成"SCR＋WFGD＋ESP"时，虽然脱除效率从 60.3% 增加为 70.2%，但二价汞在总汞排放中的比例从 16% 上升到 27%。因此，虽然新增脱硫脱硝等污染物控制设施的汞减排效益比关停小火电更为显著，但其二价汞的减排量却只有后者的 61.30%。

此外，安徽、贵州、辽宁、浙江、四川、甘肃、天津和江西8个省份甚至出现了新增污控设施导致二价汞排放总量增加的情况。以安徽为例，在此期间有20个电厂的燃煤机组更新脱硫脱硝等污染物控制设施，其中18个燃煤电厂都是加装SCR脱硝设备，最终导致安徽二价汞排放增加85.10千克。同样，甘肃7个电厂都是加装SCR，使其二价汞排放增加了25.02千克。

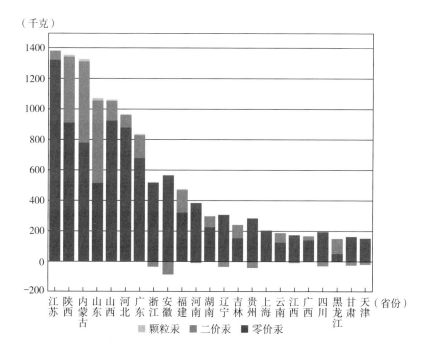

图2-2 燃煤电厂新增脱硫脱硝等污染物控制设施汞减排效益

从具体电厂来看，减排量最大的燃煤电厂是福建省的华阳后石电厂，该电厂对240万千瓦的机组加装WFGD设施减排大气汞327.41千克，包括零价汞148.76千克、二价汞173.93千克和颗粒汞6.53千克。在减排量前十的电厂中，有6个电厂同时加装了WFGD和SCR设施，将汞脱除效率从32.4%提高到70.2%，带来汞减排效益1892.51千克。此外，不同电厂的减排量差异也十分显著，主要取决于目标电厂的装机容量和改造方案。以浙江省余杭塘栖热电厂为例，该电厂装机容量为 0.18 万千瓦，年耗煤量为 12562 吨，并且仅加装了 SCR 脱硝装置，导致其汞减排量为 0.2 千克。浙江完成脱硫脱硝等污染物控制设施改造的电厂数量最多，达到了 35 个电厂共计 1317 万千瓦，但其汞减排量排在全国第八（473.50 千克）。因为浙江只有 7 个电厂的改造加装了 WFGD，其余电厂都是新增了对汞排放影响不大的 SCR 脱硝装置，从而导致浙江的二价汞排放增加了 32.51 千克。在脱硫脱硝等污染物控制设施改造措施中，汞脱除效率最高的污控设施组合是"SNCR+WFGD+ESP"。以山东省寿光巨能热电公司为例，其脱硫脱硝等污染物控制设施从单独的 ESP 装置升级为"SNCR+WFGD+ESP"，使得汞脱除效率从 32.4% 提高到 98.1%，减少大气汞排放 69.67 千克，减排幅度高达 97.19%。

2.5　关停小机组大气汞减排清单

2011~2015 年，全国一共关停 3323 万千瓦的小型燃煤机组，其中江苏（394 万千瓦，11.86%）、山东（323 万千瓦，9.71%）和河南（256 万千瓦，7.69%）三个省份关停小机组最多。图 2-3 标注了全国关停燃煤电厂精确到坐标的具体位置和大气汞减排量（部分点源级汞减排清单详见附表 5），结果表明，中国"十二五"期间关停小机组的汞减排总量为 9.19 吨（包括 5.56 吨零价汞、3.54 吨二价汞、0.11 吨颗粒汞），减排效果排前三的省份分别为江苏（1253.00 千克）、贵州（880.83 千克）和内蒙古（669.15 千克）。虽然贵州在此期间仅关停了 4 座燃煤电厂，但装机容量达到了 201.85 万千瓦，在所有省份中排名第五。此外，减排量最小的三个省份为广西（4.92 千克）、宁夏（4.82 千克）和甘肃（2.44

千克），在全国淘汰电厂汞减排总量中的占比均不足 1%。主要原因是上述三个省份本身燃煤电厂装机容量就相对较少，在"十二五"期间一共仅关停了 5 万千瓦的燃煤机组。

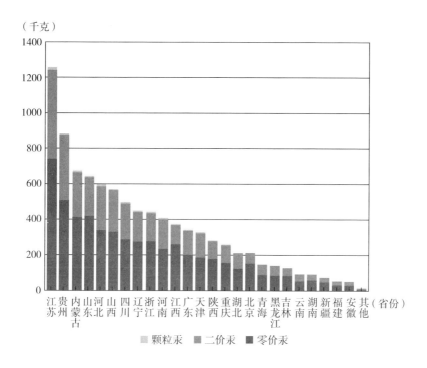

图 2-3 燃煤电厂关停小机组汞减排效益

在所有淘汰电厂中，一共有 19 座电厂带来的减排量大于 100 千克，其汞减排总量达 2.98 吨，占全国关停小机组减排总量的 32.47%。此外，贵州淘汰的燃煤电厂都没有安装完善的脱硫脱硝等污染物控制设施，导致其排放因子相对较高，4 座电厂的减排量在所有电厂中都排名前 20。其中，贵州汞减排量最大的是盘州市发电厂，共关停 60 万千瓦的燃煤发电机组，每年减少原煤消耗量超过 2 吨，带来 303.15 千克的汞减排收益。相反地，江苏在此期间以淘汰 62 座电厂的数量居全国之首，但约 1/3 的电厂安装了脱硫和除尘装置，其中减排量最大的三座电厂分别为徐州发电有限公司（149.92 千克）、太仓港环保发电有限公司

（97.50 千克）和南京第二热电厂（96.36 千克）。在"十二五"期间，江苏淘汰电厂的总装机容量是贵州的 2 倍左右，但减排量却不到贵州的 1.5 倍。究其原因，一方面贵州的 4 座燃煤电厂具有更高的排放因子，另一方面贵州消费燃煤中的汞含量（0.21 克/吨）也高于江苏（0.19 克/吨）。

值得注意的是，影响淘汰电厂汞减排量的不仅是装机容量，不同的脱硫脱硝等污染物控制设施的汞脱除效率差异、燃煤中汞含量的高低也会显著影响汞减排效果。例如，新疆关停机的组容量（52.33 万千瓦）比黑龙江的（51.13 万千瓦）更多，但黑龙江关停机组的减排量（139.85 千克）却是新疆（73.45 千克）的近两倍。因为新疆消费煤炭中汞含量仅为 0.03 克/吨，远低于黑龙江 0.10 克/吨的消费燃煤汞含量，并且新疆约一半的淘汰电厂安装了"WFGD+ESP"的脱硫和除尘装置。江西的消费燃煤汞含量全国最高，达 0.23 克/吨，几乎是新疆燃煤汞含量的 8 倍。因此，江西淘汰电厂的平均排放因子水平（0.09 克/吨）要显著高于新疆（0.02 克/吨）。在不同的省份之间，淘汰电厂的排放因子甚至可以差 10 倍以上，比如云南淘汰电厂的排放因子为 0.24 克/吨，但新疆仅为 0.02 克/吨。此外，由于淘汰电厂大部分缺少完善的脱硫脱硝等污染物控制设施，导致整体排放因子相比于省平均水平要更高。据统计，2011~2015 年关停机组的装机容量仅相当于全国燃煤电厂总量的 5%，但其带来的汞减排效益却相当于 2010 年中国燃煤电厂汞排放总量的 7.75%，这也验证了关停机组的汞排放因子高于全国平均水平。

如图 2-4 所示，本部分将各省份淘汰电厂的排放因子与 Tian 等研究中的省平均值相比较，并量化分析了影响各省份淘汰电厂排放因子的具体因素[48]。结果表明，大部分省份淘汰电厂的排放因子都明显高于全省平均排放因子，尤其是福建、湖北、天津、广西和湖南 5 个省份，其淘汰电厂排放因子是省平均值的两倍以上。以福建为例，淘汰的三个燃煤电厂中只有一个电厂安装了脱硫装置，其余两个电厂仅安装了除尘装置，导致其淘汰电厂的平均排放因子达 81.51 克/千克，而省平均值为 34.22 克/千克，约为淘汰电厂平均排放因子的 41.98%。然而，淘汰电厂平均排放因子与省平均值差距最大的是云南，分别为 235.22 克/千克和 155.86 克/千克，差值为 79.36 克/千克。因为云南燃煤中汞含量已经显著高于其他省份，再加上淘汰的 5 个电厂都仅安装了除尘装置，导致其排放因子是所有省区最高的。上述结果表明，淘汰电厂排放因子与省平均值产生较大差异的主要原因是缺少完善的脱硫脱硝等污染物控制设施，导致烟气中的汞排放脱除效率很低，大部分都直接排放到了空气中。

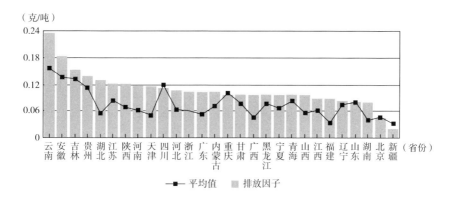

图 2-4　淘汰电厂排放因子与省平均值比较

在淘汰电厂中，有 13 个私营企业的自备电厂，装机容量基本都在 1 万千瓦以下，关停上述电厂减少的煤炭消耗量不足总量的 1%，但却贡献了 127.69 千克的汞减排效益（占比 1.39%），主要原因是小型自备电厂的汞排放因子要显著高于其他燃煤电厂。例如，一平浪盐矿自备电厂虽然年发电量仅有 1164 万度电，但因为其单位发电煤耗超过了 700 克/千瓦时，是全国平均水平的 2 倍多，导致该电厂拥有最高的汞排放强度。从上述结果可以看出，以自备电厂为代表的小型燃煤发电机组通常具有更高的单位发电煤耗，以及相对不完善的污染物脱除设施，导致其排放因子和排放强度远高于各省份的平均水平。新疆和北京是少数淘汰电厂排放因子低于省平均值的省份，主要得益于较为完善的末端污控设备。由于北京具有严格的污染物管控措施，并且在"十二五"期间关停了所有的燃煤电厂，所以淘汰的三座电厂均采用了"SCR+WFGD+ESP"的污控设施组合，有效脱除了烟气中超过70%的汞排放。

2.6 燃煤电厂能效提升大气汞减排清单

能效提升虽然在三种改造措施中带来的汞减排效益最少，但涉及的电厂数量最多，其中包括24个省份的545个燃煤电厂，共节约燃煤消耗量超过3百万吨，带来汞减排收益2250.27千克，其中零价汞、二价汞和颗粒汞分别为1586.11千克、627.78千克和19.69千克，如图2-5所示。

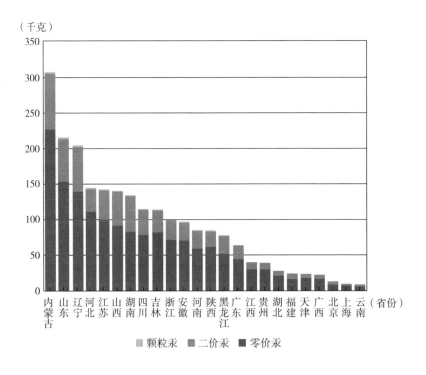

图2-5 燃煤电厂能效提升汞减排效益

一方面，燃煤电厂的单位发电煤耗在短时间内很难大幅提升，全国平均发电煤耗和供电煤耗在"十二五"期间分别降低了 15 克/千瓦时和 18 克/千瓦时。另一方面，在能效提升的 545 个燃煤电厂中，有将近一半的燃煤电厂安装了完整的脱硫、脱硝和除尘设备，汞脱除效率普遍较高，进一步压缩了减排空间。从省份角度来看，内蒙古在节能改造方面的成果最为显著，全省平均发电煤耗从 2010 年的 345 克/千瓦时下降到 2015 年的 337 克/千瓦时，其汞减排总量为 308.51 千克。山东和辽宁分别以 216.00 千克和 204.84 千克的汞减排量紧随其后，前十名的省份通过能效提升带来汞减排受益 1678.95 千克，约占减排总量的 3/4。

减排量最少的三个省份分别是北京（13.86 千克）、上海（10.28 千克）和云南（8.54 千克）。以云南为例，一共有 6 座电厂的单位发电煤耗有不同程度的降低，但由于本身各个电厂的单位发电煤耗都优于全国平均水平，导致降幅最大的电厂为国电开远发电有限公司小龙潭发电厂（7 克/千瓦时）。同时，6 座电厂的污控设施也相对比较完善，虽然电厂装机容量和煤耗总量很大，但能效提升带来的汞减排受益微乎其微。内蒙古在能效提升减排措施中共涉及 26 座电厂，年耗煤量接近 100 百万吨，并且只有不到一半的电厂安装了完善的脱硫、脱硝和除尘设备。同时，内蒙古电厂的单位发电煤耗显著高于平均水平，能效提升的汞减排潜力相对较大。2011~2014 年，内蒙古的华能呼伦贝尔能源公司单位发电煤耗降低了 21 克/千瓦时，带来汞减排受益 62.22 千克，位居内蒙古 26 座电厂的第一。

从点源减排清单来看，只有六座电厂的汞减排量超过 30 千克，其中 3 座电厂都没有完善的污控设施，仅安装了除尘装置。与上述两种改造措施不同的是，完善的脱硫脱硝等污染物控制设施会带来较高的汞脱除效率，进一步降低能效提升措施的汞减排量。此外，由于大部分燃煤电厂在短期内难以实现单位发电煤耗的大幅降低，各电厂的汞减排量都相对较小，超过 95% 的燃煤机组汞减排量小于 10 千克。在所有燃煤电厂中，江苏省江阴华西热电厂的汞减排量最小。一方面，其本身装机容量仅为 2.4 万千瓦，每年的总耗煤量为 8376 吨。另一方面，其能效提升幅度为 4 克/千瓦时，导致其最终只带来了 0.003 克的汞减排收益。虽然能效提升在单一年份带来的减排收益不明显，但单位发电煤耗的降低将在燃煤电厂的整个生命周期持续带来减排收益。假设能效提升的燃煤电厂未来寿命为 20 年，将带来超过 45 吨的汞减排效益，对于减少燃煤电厂未来的累计汞排放具有重要意义。

此外，单位发电效率的高低与燃煤机组的装机容量密切相关，装机容量相对较大的燃煤机组通常拥有更高的技术装备水平，导致其单位发电煤耗更低。例如，天津国投津能发电有限公司装备了两台单机 100 万千瓦的燃煤机组，其单位发电煤耗从 280 克/千瓦时降低到 274 克/千瓦时，带来了 3.54 千克的汞减排效益，并且该电厂二期工程的单位发电煤耗进一步降低为 263 克/千瓦时。然而，部分自备电厂装机容量小于 10 万千瓦，单位发电煤耗甚至超过 400 克/千瓦时，且能效提升后减排效果并不明显，更适合在寿命到期之前提前淘汰。

2.7 燃煤电厂大气汞减排政策建议

小型燃煤电厂由于缺乏完善的污染物控制设施，导致其单位发电煤耗、汞排放因子等指标要显著高于平均水平，存在严重的资源浪费和环境污染等问题。本书证实，关停高能耗、高污染的小型燃煤电厂可以有效缓解中国严重的汞污染，该措施在"十二五"期间减少了 9.1 吨汞排放（相当于 2010 年中国燃煤电厂汞排放总量的 7.75%）。尽管取得了阶段性的胜利，但大量汞排放强度较高的小型燃煤机组仍然在运行，目前单机容量小于 30 万千瓦的燃煤机组装机总量超过 2 亿千瓦，约占全国燃煤电厂总容量的 1/5。在我国未来的电力清洁低碳转型政策中，仍然需要将关停小型燃煤机组作为大气汞减排的重点措施，持续优化电力部门的机组结构。

《煤电节能减排升级与改造行动计划》中明确指出，未来新建燃煤发电机组要采用 60 万千瓦及以上的超超临界机组，并且湿冷和空冷技术的供电煤耗不得高于 303 克/千瓦时和 320 克/千瓦时。此外，30 万千瓦级别的只允许建设供热机组或循环流化床的低热值燃煤发电机组，严格把控准入门槛。2020 年，全国 6000 千瓦及以上火电厂供电煤耗降低为 305.5 克/千瓦时，进一步提高了燃煤发电机组的能源利用效率。随着各项节能减排措施的推进，以及燃煤发电技术水平、机组结构的提升和优化，未来能效提升带来的减排效果也将进一步凸显。2021 年，国家发布了《全国煤电机组改造升级实施方案》，要求针对供电煤耗高于 300 克/千瓦时的燃煤机组要加快实施节能改造，并逐步淘汰不符合改造条件的燃煤机组，在 2025 年实现燃煤发电整体供电煤耗低于 300 克/千瓦时。

2010~2020 年，我国电力部门中燃煤发电机组装机容量占比从 67% 下降到了 49%，但由于资源禀赋特性和新能源替代不足，燃煤电厂在未来很长一段时间仍将是我国主要的电力供应来源。对于短期内无法关停的燃煤电厂，应当提高污控设施的安装比例，并尽量采用脱除效率较高的污控设施组合。在严格的污染物排放标准下，中国超过 90% 的燃煤电厂已经都安装了较为完善的脱硫脱硝设备，其中应用最为广泛的脱硫脱硝等污染物控制设施组合是"SCR+ESP+WFGD"。上述脱硫脱硝等污染物控制设施组合主要是针对二氧化硫、氮氧化物和颗粒物，但同时能够协同脱除烟气中约 70% 的汞排放。如果采用"SCR+ESP−FF+WFGD"的组合，则能够将汞脱除效率进一步提升到 97% 以上。此外，本书还发现加装 SCR 会改变不同汞形态的分布比例，从而导致在汞排放总量下降的同时，二价汞排放增多。为了应对二价汞与汞排放总量间的矛盾，未来可以考虑安装专门针对汞排放的污控设施，进一步提高各类汞排放形态的脱除效率。例如，活性炭注射（Activated Carbon Injection，ACI）被认为是目前最有应用前景的汞脱除技术，但目前其运行成本仍然超出了燃煤电厂的承受范围，距离大规模商业化仍然有较长的距离。

研究结果表明，除了燃煤电厂的技术水平和污控设施类型，电厂消费煤炭中的汞含量也能够显著影响汞排放结果。如果忽略不同省份消费煤炭中汞含量的差异，将会导致汞排放核算结果存在较大误差，不能反映燃煤电厂汞排放的实际情况。洗煤技术可以在煤炭燃烧前脱除部分污染物，有效减少燃煤电厂的各类污染物排放，但受制于成本和产业发展的限制，国内燃煤电厂采用洗精煤的比例不到10%，而发达国家的这一比例在60%~100%。如果政府将洗精煤比例作为环保的考核指标，能够进一步提高煤炭洗选技术的应用率，从而在源头减少燃煤电厂的汞排放，并且对其他污染物都有协同的减排效益。

此外，不同省份的燃煤汞含量和资源禀赋也有较大差异，需要因地制宜地选择合适的电力清洁低碳转型路径，制定科学合理的燃煤电厂淘汰时间表和电力替代方案，避免因电力结构剧烈转型出现的电力供应缺口和电网波动。例如，新疆、内蒙古等西部省份拥有较为丰富的煤炭资源，且生产煤炭中的汞含量较低，尤其是新疆的煤炭中汞含量仅为0.03克/吨。因此，可以选择在西部省份建设大型的煤电基地，然后通过"西电东输"工程填补东部地区淘汰燃煤电厂造成的电力缺口，实现环境影响和电力供应的平衡。山东作为我国的煤电大省，为了应对大量淘汰小型燃煤机组后可能出现的电力缺口，在"十三五"期间规划建设了4条来自内蒙古和陕西的特高压输电线路。然而，云南和四川的水电资源相对更丰富，大力推动水电站建设也能够替代现有燃煤电厂。以云南为例，2020年水力发电量占全省发电总量的80%，而燃煤发电主要用于弥补枯水期的电力缺口，保障电网总体的供需平衡。同时，云南在"十二五"期间向广东、广西等省份跨省供应电力353亿千瓦时，并且在2020年西电东送能力接近4000万千瓦。此外，甘肃、宁夏也能够充分利用自身丰富的风电和光伏资源，在积极促进新能源消纳的同时对外省供应清洁电力。

2.8　本章小结

本章详细调研了超过 1000 个燃煤电厂的运行参数，构建了涵盖燃煤消耗量、煤炭汞含量、洗煤比例、汞脱除效率等特征参数的燃煤电厂基础数据库，结合"自下而上"的清单编制方法，核算了精确到电厂的燃煤电厂汞减排清单。主要结论总结如下：

第一，燃煤电厂清洁改造措施能够显著降低汞排放量，"十二五"期间三种改造措施共减少汞排放 23.51 吨，其中升级末端污染物控制设施是目前最有效的大气汞减排手段，贡献了全国大气汞减排量的一半以上。

第二，从电厂容量的角度来看，超过 90% 的淘汰电厂装机容量不足 60 万千瓦，并且装机容量小于 10 万千瓦的淘汰电厂贡献了将近 1/4 的汞减排量。然而，新增 APCDs 的改造措施则大多应用于大型燃煤机组，其中装机容量 30 万千瓦以下的机组对汞减排贡献占比不足 5%。

第三，虽然新增脱硫脱硝等污染物控制设施的汞减排效果十分显著，但由于 SCR 能够将零价汞氧化为二价汞，从而增加二价汞在最终排放烟气中的比例。因此，在某些省份出现了汞排放总量下降，但同时二价汞排放量增加的现象，而采用单独针对汞排放的污染物脱除技术能有效避免这一弊端。

第四，影响汞排放因子的关键参数是消费煤炭中汞含量和污控设施组合的脱除效率，前者能够在整个省区的范围内影响汞排放量，后者主要导致不同技术水平的电厂之间汞排放因子差异显著。由于新疆、内蒙古等省份富含煤炭资源且燃煤中汞含量较低，可以考虑进一步建设西部煤炭发电基地，扩大"西电东输"的规模。

第3章 煤电大气汞减排相关的健康效益评估

3.1 引言

汞排放作为重要的重金属污染物，对人体健康和生态环境都造成了极大的危害，一旦释放到大气中，就会随着颗粒物等其他污染物一起在大气中经过长距离的传输，最后通过雨水等方式沉降到地面进入生物链。此外，汞排放在生物链中以甲基汞的形式参与循环，并且具有较为明显的富集效应，导致人体中的甲基汞含量严重超标，从而影响人体的心血管系统、神经系统等重要器官，尤其是对婴幼儿的身体健康产生严重的负面影响。由于汞排放具有跨区域影响的特征，不但会影响排放源当地的生态环境，而且会导致其他地区的环境风险和健康损失。因此，汞排放成为了在全球范围内受到广泛关注的重要污染物，128 个国家共同签署了《关于汞的水俣公约》以改善全球汞污染现状。本书第 2 章聚焦淘汰电厂、新增污控设施、能效提升三种燃煤电厂改造措施，编制了高分辨率的燃煤电厂大气汞减排清单，证实了电力转型策略具有显著的汞减排效益，但与上述汞减排相关的健康效益仍然有待评估，亟须构建长链条的汞减排健康效益评估模型。

目前针对电力转型健康效益的研究大多集中在颗粒物、二氧化硫等常规污染物。Zhang 等聚焦国际贸易和大气传输导致的 PM2.5 排放转移问题，结果表明，全球约 12%PM2.5 相关的过早死亡与死亡发生地以外的地区污染物排放有关[53]。Wu 等量化分析了 2005~2015 年新增脱硫脱硝等污染物控制设施带来的环境效益和健康效益，发现上述改造措施减少的 PM2.5 排放避免了 111900 例过早死亡[16]。上述研究表明了污染物排放具有显著的跨区域影响，能够对排放源以外的地区生态环境和人群健康造成影响。汞排放的健康风险溯源模型涵盖了高分辨率排放清单、大气传输、沉降模拟、食物链富集和健康风险评估 5 个步骤，目前关于汞排放长链条健康风险评估的研究较少，Chen 等在 2019 年第一次构建了针对中国饮食特点的汞排放健康风险评估模型，但仅针对了 2010 年单一年份的大气汞排放，无法反映电力转型背景下燃煤电厂改造措施的健康效益[22]。

因此，本章基于前文所述点源级的燃煤电厂高分辨率汞减排清单，结合 GEOS-Chem 大气传输模型和流行病学的剂量—反应关系，构建了中国汞减排健康效益评估框架。本章针对三种燃煤电厂改造措施对汞沉降、甲基汞摄入量、健康影响等因素的具体影响，以避免智商（Intelligence Quotient，IQ）降低和心脏病死亡为健康效益评价指标，量化分析了中国燃煤电厂清洁改造措施的健康效益，并从汞减排策略、人群健康风险、跨区域协同减排等方面提出了政策建议。

3.2 大气汞减排健康效益评估方法

如图 3-1 所示，本节在 Chen 等开发的 CMSTM（China Mercury Risk Source-

Tracking Model）基础上构建了中国燃煤电厂汞减排健康效益评估模型，该模型由五个主要部分组成：大气汞排放清单、大气传输模型、大气沉降导致的食物中甲基汞的变化、人类摄入甲基汞的清单以及甲基汞摄入对人类健康的影响，最终本节以避免智商降低和心脏病死亡两个指标量化分析了燃煤电厂汞减排的健康效益[22]。

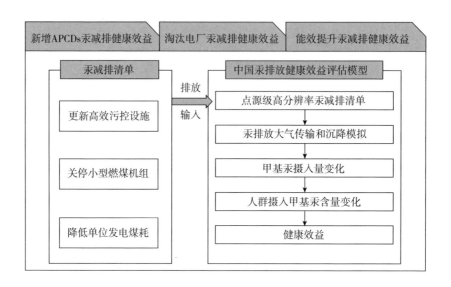

图 3-1　中国燃煤电厂汞减排健康效益评估模型

3.2.1　燃煤电厂大气汞减排健康效益评估模型

第一，在第 2 章燃煤电厂高分辨率汞减排清单的基础上，结合地理位置信息确定燃煤电厂详细的经纬度坐标，从而对燃煤电厂汞减排量在空间上按照大气传输模型的要求进行网格化处理，并将其当作排放量输入大气传输模型。上述汞排放进入大气中，导致的大气传输效应和汞沉降结果，即为对应数量汞减排减少的汞沉降。此外，本章还按照不同燃煤电厂所在省份、所属企业等进行分类，并分别模拟了不同类别燃煤电厂对各地区汞沉降的影响。

第二，本节利用 GEOS-Chem V9-02 化学传输模型模拟了中国大气中汞的传输和沉降。上述化学传输模型首先由 Bey 等应用并详细描述[54]，主要用来模拟零价汞、二价汞和颗粒汞在大气、陆地和海洋表面混合层之间的循环路径，并量化分析其沉降结果[52,55,112,113]。基于 GEOS-Chem 化学传输模型，本节利用美国宇航局全球建模和同化办公室（Global Modeling and Assimilation Office，GMAO）的 GEOS-5 同化气象数据，对中国的汞排放进行了水平分辨率为 1/2°×2/3° 的嵌套模拟，同时采用水平分辨率为 4°×5° 的全球模拟作为嵌套模拟的边界条件。在此基础上，本节对 2008~2010 年的大气传输效应进行了为期 3 年的模拟，其中 2008~2009 年用于模型前置条件，2010 年的结果用于本书中的汞排放大气传输效应。为了获得更好的模拟精度，本节对不同类型减排措施导致的汞排放使用了相同的模拟时间间隔，从而避免了非气象因素的干扰，并结合大量的实际观测数据改善了嵌套模型的模拟效果。

第三，基于大气传输模型的汞沉降结果变化情况，本节估算了含汞食物中汞浓度的变化。基于现有研究，本节假设食品中的甲基汞浓度变化与大气向环境介质中输入的总汞量成正比，只与特定区域的大气汞沉降量变化有关，从而估算了 10 类食品（大米、小麦、豆类、蔬菜、猪肉、家禽、牛奶、鸡蛋、海鱼和淡水鱼）中的甲基汞变化量[69,71,114]。

第四，本节基于前文的食物中甲基汞浓度，结合不同省份的跨区域食品贸易数据，核算了不同地区人群消费食物中的甲基汞浓度变化，进而得到了甲基汞日摄入量估算值（Estimated Daily Intake，EDI），最终编制了中国人群的甲基汞摄入量清单。其中，我国不同省份的食品贸易采用了多区域投入产出（MRIO）模型进行综合分析，将 MRIO 表中的农、林、牧、渔部门的最终需求数据作为食品贸易量进行估算，在此基础上结合每类食品的甲基汞浓度和摄入率计算甲基汞的 EDI。EDI 的计算公式如下：

$$EDI_j = \sum_{ik} \frac{SC_{ijk} \times I_{ij} \times C_{ik}}{W} \tag{3-1}$$

其中，SC_{ijk} 表示省份 k 对省份 j 食物 i 的供应量；I_{ij} 表示省份 j 人群对食物 i 的人均摄取率；W 表示中国成年男女的平均体重；C_{ik} 表示省份 k 供应的食物 i 中的甲基汞浓度；EDI_j 表示省份 j 人群的甲基汞 EDI。

第五，本节根据以往的流行病学研究[71,115-118]，建立了胎儿智商下降和致命性心脏病发作死亡的剂量—反应关系，评估了中国燃煤电厂汞减排的健康效益。智商影响的具体计算公式如下：

$$\Delta IQ = \gamma \lambda \beta \ (\Delta EDI \times W) \tag{3-2}$$

评估致命性心脏病发作死亡的公式如下：

$$\Delta CF = \sum_g N_g \times Cf_g \times \omega \times \{1 - \exp[-\varphi \lambda \beta (\Delta EDI \times W)]\} \tag{3-3}$$

在式（3-2）、式（3-3）中，ΔIQ 表示智商点数的变化；ΔEDI 表示甲基汞的 EDI 变化；β 表示每天摄入 $1\mu g$ 甲基汞导致每升血液中汞浓度（$\mu g/L$）的变化；λ 表示血液中汞浓度变化（$\mu g/L$）导致的毛发中汞浓度变化（$\mu g/$克）；上述三个系数分别代表甲基汞从摄入到血液、从血液到头发以及从头发到智商影响的转换系数；ΔCF 表示由于甲基汞摄入量的变化而导致的致命性心脏病发作死亡人数的变化；N_g 表示年龄 40 岁及以上、性别为 g 的人数；CF_g 表示年龄 40 岁及以上、性别为 g 的人群中致命性心脏病当前的发病率；φ 表示单位质量头发中 $1\mu g$ 甲基汞含量导致的心脏病发作风险；ω 表示心脏病发作与汞摄入量间因果关系的概率；W 表示平均体重。

3.2.2 大气汞减排健康效益的敏感性分析

为了评估中国燃煤电厂大气汞减排健康效益的不确定度，本部分将敏感性系数定义为大气汞减排健康效益评估模型中各参数的变化导致最终结果变化的程度，具体方式为计算健康效益对每个参数的偏导数。

因此，评估智商影响相关参数的灵敏度系数计算方式如下：

$$\frac{\partial \Delta IQ}{\partial r} = \lambda \beta \ (Per \times I \times C \times R) \tag{3-4}$$

$$\frac{\partial \Delta IQ}{\partial \lambda} = \gamma \beta \ (Per \times I \times C \times R) \tag{3-5}$$

$$\frac{\partial \Delta IQ}{\partial \beta} = \gamma \lambda \ (Per \times I \times C \times R) \tag{3-6}$$

$$\frac{\partial \Delta IQ}{\partial Per} = \gamma \lambda \beta \ (I \times C \times R) \tag{3-7}$$

$$\frac{\partial \Delta IQ}{\partial I} = \gamma \lambda \beta \ (Per \times C \times R) \tag{3-8}$$

$$\frac{\partial \Delta IQ}{\partial C} = \gamma \lambda \beta \ (Per \times I \times R) \tag{3-9}$$

$$\frac{\partial \Delta IQ}{\partial R} = \gamma \lambda \beta \ (Per \times I \times C) \tag{3-10}$$

上述结果表明，ΔIQ 与所有相关参数呈线性相关，即各个参数对智商影响的敏感性结果一致，每个参数的变化率与相关的智商影响变化率相同。同时，对于心脏病发作死亡相关参数的灵敏度系数计算方式如下：

$$\frac{\partial \Delta CF}{\partial N} = Cf \times \omega \times \{1 - exp \ [-\varphi \lambda \beta \ (Per \times I \times C \times R) \ ] \} \tag{3-11}$$

$$\frac{\partial \Delta CF}{\partial Cf} = N \times \omega \times \{1 - exp \ [-\varphi \lambda \beta \ (Per \times I \times C \times R) \ ] \} \tag{3-12}$$

$$\frac{\partial \Delta CF}{\partial \omega} = N \times Cf \times \{1 - exp \ [-\varphi \lambda \beta \ (Per \times I \times C \times R) \ ] \} \tag{3-13}$$

$$\frac{\partial \Delta CF}{\partial \varphi} = -\lambda \beta \ (Per \times I \times C \times R) \times P \times Cf \times \omega \times exp \ [-\varphi \lambda \beta \ (Per \times I \times C \times R) \ ] \tag{3-14}$$

$$\frac{\partial \Delta CF}{\partial \lambda} = -\varphi \beta \ (Per \times I \times C \times R) \times P \times Cf \times \omega \times exp \ [-\varphi \lambda \beta \ (Per \times I \times C \times R) \ ] \tag{3-15}$$

$$\frac{\partial \Delta CF}{\partial \beta} = -\varphi \lambda \ (Per \times I \times C \times R) \times P \times Cf \times \omega \times exp \ [-\varphi \lambda \beta \ (Per \times I \times C \times R) \ ] \tag{3-16}$$

$$\frac{\partial \Delta CF}{\partial Per} = -\varphi\lambda\beta \ (I{\times}C{\times}R) \ {\times}P{\times}Cf{\times}\omega{\times}exp \ \left[\ -\varphi\lambda\beta \ (Per{\times}I{\times}C{\times}R) \ \right] \tag{3-17}$$

$$\frac{\partial \Delta CF}{\partial I} = -\varphi\lambda\beta \ (Per{\times}C{\times}R) \ {\times}P{\times}Cf{\times}\omega{\times}exp \ \left[\ -\varphi\lambda\beta \ (Per{\times}I{\times}C{\times}R) \ \right] \tag{3-18}$$

$$\frac{\partial \Delta CF}{\partial C} = -\varphi\lambda\beta \ (Per{\times}I{\times}R) \ {\times}P{\times}Cf{\times}\omega{\times}exp \ \left[\ -\varphi\lambda\beta \ (Per{\times}I{\times}C{\times}R) \ \right] \tag{3-19}$$

$$\frac{\partial \Delta CF}{\partial R} = -\varphi\lambda\beta \ (Per{\times}I{\times}C) \ {\times}P{\times}Cf{\times}\omega{\times}exp \ \left[\ -\varphi\lambda\beta \ (Per{\times}I{\times}C{\times}R) \ \right] \tag{3-20}$$

上述结果表明，ΔCF 与 N、CF 和 ω 呈线性相关，但其他参数的偏导数中存在 exp $\left[-\varphi\lambda\beta \ (Per{\times}I{\times}C{\times}R) \right]$，导致其与 ΔCF 之间不呈线性关系。然而，在本节的健康效益评估模型中，exp $\left[-\varphi\lambda\beta \ (Per{\times}I{\times}C{\times}R) \right]$ 的数值非常接近于 1（在 0.9995~1）。因此，其余参数和 ΔCF 之间也非常接近于线性关系，所有参数对心脏病死亡的敏感性结果较为一致。

3.3 燃煤电厂汞减排大气传输结果

如图 3-2 所示，燃煤电厂三种改造措施在全国范围内减少汞沉降 5.69 吨，其中关停燃煤电厂、新增污控设施和机组能效提升分别减少汞沉降 2.65 吨、2.42 吨和 0.62 吨。根据第 2 章的计算结果，新增脱硫脱硝等污染物控制设施导致汞排放减少 12.02 吨，要显著高于关停小型燃煤机组带来的汞减排效益（9.19 吨），但前者减少的汞沉降却相对更少。造成上述结果的主要原因是部分电厂加装了 SCR 装置，导致二价汞在汞排放中的比例上升，而二价汞进入大气循环中之后更容易沉降到地面，削弱了新增脱硫脱硝等污染物控制设施对汞沉降的影响。

从省份角度来看，汞沉降减排效益最为显著的三个省份分别为内蒙古（387.50

千克）、山东（361.00 千克）和河北（353.00 千克），而上海（24.59 千克）、海南（10.07 千克）和宁夏（8.33 千克）减少的汞沉降最不明显。结合之前的汞减排结果，可以明显看到不同省份贡献的汞减排效益和接收的汞沉降效益之间存在较大差异。例如，虽然江苏的汞减排量（2751.66 千克）高于内蒙古（2292.59 千克），但内蒙古大气汞沉降减少量是江苏（257.20 千克）的 1.5 倍。这是因为在相同的汞排放条件下，区域面积对汞沉降的影响十分显著，而内蒙古的土地面积远大于江苏，导致其在大气传输的作用下汞沉降效应更为明显。

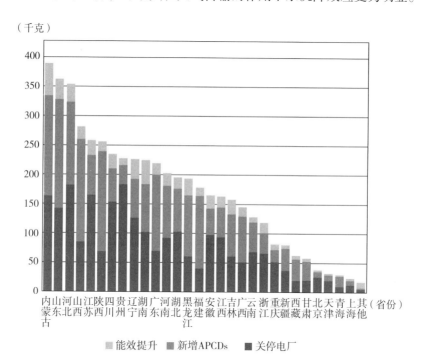

图 3-2　中国各省份汞沉降减排效益

在大气传输作用下，各省份的汞沉降除了受到其自身汞减排量的影响，还与其他地区的汞减排量密切相关，如图 3-3 所示。例如，"十二五"期间的煤电改造措施导致江苏的汞沉降量减少了 257.20 千克，但其中 28.34% 归功于其他地区的汞减排量。在其他省份中，山东和浙江对江苏的汞沉降影响最大，分别导致其汞沉降量减少 18.40 千克和 16.00 千克。此外，江苏省内的汞减排也导致全国范围内的汞沉降减少 579.11 千克，其中 394.81 千克发生在江苏以外的省份，超过江苏对减少汞沉降贡献总量的 2/3。

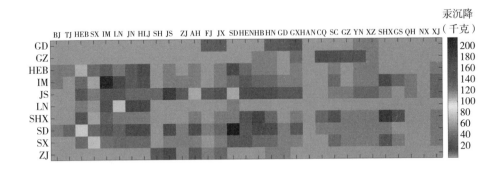

图 3-3　不同省份在大气传输作用下的汞沉降减排量

注：①横轴该地区减少的汞沉降是由其他省份的汞减排引起的，纵轴表示表示该省份贡献的汞减排在其他省份减少了汞沉降。②BJ（北京）；TJ（天津）；HEB（河北）；SX（山西）；IM（内蒙古）；LN（辽宁）；JN（吉林）；HLJ（黑龙江）；SH（上海）；JS（江苏）；ZJ（浙江）；AH（安徽）；FJ（福建）；JX（江西）；SD（山东）；HEN（河南）；HB（湖北）；HN（湖南）；GD（广东）；GX（广西）；HAN（海南）；CQ（重庆）；SC（四川）；GZ（贵州）；YN（云南）；XZ（西藏）；SHX（陕西）；GS（甘肃）；QH（青海）；NX（宁夏）；XJ（新疆）。

对于汞减排量前十的省份来说，绝大部分省份在全国范围内贡献的汞沉降减少量都要大于其自身收到的汞沉降效益，而江苏、山东和陕西三个省份的贡献和效益差距最大，分别为 321.91 千克、233.65 千克和 219.08 千克。例如，山东的汞减排共导致全国汞沉降减少量位居全国首位（594.65 千克），但其中仅有 214.30 千克是山东本地减少的汞沉降，约占其贡献总量的 1/3。与之相反的是，辽宁和河北自身的汞沉降收益要大于其对减少全国汞沉降的贡献。相比于 2010 年，河北的汞沉降减少了 353.00 千克，但仅有约 30%来自河北省内的燃煤电厂汞减排，对河北汞沉降影响最大的其他地区包括山东（79.90 千克）、山西（39.80 千克）和内蒙古（37.20 千克）等。此外，河北的汞减排导致全国汞沉降减少317.23 千克，而受到河北影响最为显著的省份分别为 44.09 千克、28.70 千克和15.50 千克。

在"十二五"期间的燃煤电厂汞减排措施中，西藏由于数据缺失并未核算具体的汞减排量，但在其他地区汞减排的影响下，西藏的汞沉降在此期间也减少了 63 千克。具体来讲，江苏、内蒙古和山西对西藏减少汞沉降的贡献最大，分别导致西藏汞沉降量减少 7.70 千克、5.10 千克和 4.90 千克。这进一步证明了汞减排效益具有很强的区域关联性和溢出特性，在制定汞减排政策时应当充分考虑不同区域的贡献和收益，为各省份制定精细化、差异化的电力转型路径。

除了所有省份，本节也评估了燃煤电厂汞减排对中国海域汞沉降的影响，发现黄海、东海、南海和渤海的汞沉降分别减少了 231.3 千克、188.3 千克、129.2 千克和 47.9 千克，这会进一步影响各类海产品中的甲基汞含量，改善与海产品相关饮食中的汞污染情况。在汞减排量前十的省份中，对四大海域汞沉降影响最大的是江苏（112.93 千克）、山东（96.47 千克）和内蒙古（55.02 千克）。上述三个省份同时也是汞减排量最大的地区，山东和江苏都是沿海省份，对邻近的黄海和东海汞沉降都有显著的影响。此外，南海减少的汞沉降主要来源于广东的大气汞减排，广东燃煤电厂的三种改造措施导致南海汞沉降减少 36.7 千克，占南海减少汞沉降总量的 28.41%。从不同类型的汞减排措施来看，关停小型燃煤电厂导致四大海域减少的汞沉降（274.25 千克）仍然要高于新增脱硫脱硝等污染物控制设施带来的海域内汞沉降减少量（255.77 千克）。

3.4　燃煤电厂大气汞减排健康效益评估

在"十二五"期间，中国燃煤电厂改造措施减少了 23.51 吨的汞排放以及

5.1 吨的汞沉降，并在此基础上通过减少食物中的甲基汞含量带来了显著的健康效益。上述改造措施共避免了 30485 点智商降低，并使 114 人免于因致命心脏病发作死亡（以下简称点智商和例死亡），分别相当于 2010 年中国燃煤电厂汞排放导致的智商降低和致命心脏病发作死亡人数的 9.09%和 9.26%[22]。如图 3-4 所示，各省份的汞减排健康效益在空间分布上具有较大的差异，其中广东（3975点智商和 11 例死亡）、江苏（2199 点智商和 10 例死亡）和浙江（2466 点智商和10 例死亡）的汞减排健康效益最为明显，并且约 70%的健康效益（10721 点智商和 78 例死亡）来自汞减排最多的十个省份。甘肃、宁夏和青海获得汞减排健康效益较少，并且有 7 个省份避免的心脏病死亡不足 1 例。

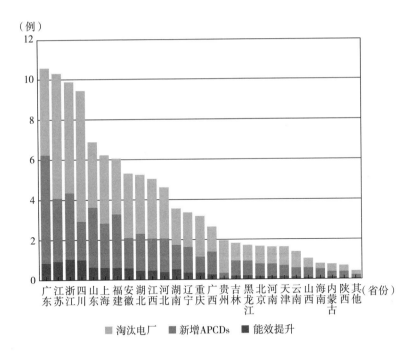

图 3-4　中国燃煤电厂大气汞减排健康效益分布

根据前文各省份减少汞沉降的结果，内蒙古、山东、河北是减少汞沉降最多的省份，但其获得的健康效益却存在显著差异。例如，山东避免了 2240 点智商降低和 7 例死亡排在第 5 位，而内蒙古以不足 1 例死亡的健康效益排在第 25 位。贵州（226.80 千克）减少的汞沉降量略高于广东（218.20 千克），但前者获得的健康效益却是后者（830 点智商和 2 例死亡）的 5 倍左右。产生上述差异的主要原因在于人口基数和饮食结构，由于广东拥有全国第一的总人口（10440 万人），并且饮食结构中更容易富集甲基汞的海产品占比较高，因此放大了其最终获得的健康效益。相反地，内蒙古人口仅为广东的 1/4，且饮食结构中海产品占比较少，导致其虽然减少了大量的汞沉降，但健康效益却并不明显。

表 3-1 总结了三种减排措施在不同省份带来的健康效益，其中关停小型燃煤机组贡献了最多的健康效益，共避免了 15375 点智商损失和 59 例心脏病相关死亡。从省份分类来看，四川（1129 点智商和 7 例死亡）和江苏（1265 点智商和 6 例死亡）的健康效益与淘汰燃煤电厂关系最为紧密，分别占淘汰电厂带来健康效益总量的 8.21% 和 8.23%。在新增脱硫脱硝等污染物控制设施减排措施中，广东获得的汞减排相关健康效益最多，分别避免了 2050 点智商损失和 6 例死亡，紧随其后的是福建、山东和浙江等省份。由于新增污控设施可能会导致二价汞排放的上升，从而抵消部分汞减排带来的健康收益。因此，虽然新增脱硫脱硝等污染物控制设施导致的汞减排量更多，但在此期间带来的健康效益相对更少（11858 点智商和 43 例死亡）。

表 3-1　中国各省份燃煤电厂大气汞减排相关健康效益　　单位：点，例

省份	淘汰电厂		能效提升		新增 APCDs	
	避免智商降低	避免死亡	避免智商降低	避免死亡	避免智商降低	避免死亡
北京	156.81	0.89	32.82	0.19	121.00	0.69
天津	177.22	0.92	33.06	0.17	118.96	0.62
河北	990.79	2.52	178.32	0.46	774.60	1.98
山西	158.69	0.47	37.92	0.11	258.28	0.76

续表

省份	淘汰电厂		能效提升		新增 APCDs	
	避免智商降低	避免死亡	避免智商降低	避免死亡	避免智商降低	避免死亡
内蒙古	98.38	0.38	29.12	0.11	92.20	0.36
辽宁	249.26	1.74	61.20	0.43	193.83	1.36
吉林	179.62	0.88	44.74	0.22	161.56	0.80
黑龙江	154.11	0.77	43.48	0.22	160.28	0.81
上海	451.07	3.39	95.15	0.72	328.50	2.47
江苏	1265.27	6.24	233.67	1.15	699.75	3.42
浙江	1261.99	5.54	301.32	1.33	902.23	3.92
安徽	916.55	3.19	209.75	0.73	481.52	1.67
福建	957.99	2.77	242.74	0.71	1014.74	3.10
江西	1047.95	2.93	208.54	0.58	583.74	1.62
山东	1021.47	3.26	232.39	0.75	985.92	3.19
河南	279.31	0.86	62.17	0.19	242.78	0.75
湖北	736.94	2.93	138.10	0.55	513.53	2.05
湖南	500.10	1.79	152.48	0.56	372.29	1.34
广东	1550.76	4.33	374.86	1.05	2049.52	5.67
广西	472.98	1.26	112.18	0.30	474.77	1.23
海南	94.53	0.25	28.10	0.07	190.66	0.49
重庆	352.13	2.03	68.26	0.40	160.64	0.92
四川	1128.91	6.50	190.88	1.10	417.24	2.40
贵州	643.03	1.64	47.79	0.12	138.89	0.35
云南	304.47	0.83	45.01	0.12	205.92	0.56
陕西	109.00	0.33	22.72	0.07	115.53	0.36
甘肃	36.79	0.08	8.17	0.02	31.28	0.07
青海	15.53	0.02	3.20	0.00	11.45	0.02
宁夏	8.71	0.02	2.23	0.00	9.22	0.02
新疆	54.29	0.09	11.64	0.02	47.32	0.08
总量	15374.63	58.85	3251.99	12.46	11858.16	43.08

例如，安徽在"十二五"期间共有20个燃煤电厂更新污染物控制设施，但其中90%的燃煤电厂都是加装了SCR装置，导致安徽在汞排放总量减少的情况

下二价汞排放增加了 85.10 千克。从减排总量来看，安徽（468.29 千克）和浙江（478.50 千克）由于新增脱硫脱硝等污染物控制设施减少的汞排放量差别不大，但浙江从新增脱硫脱硝等污染物控制设施中获得的健康效益却是安徽的将近两倍。此外，汞减排健康效益评估结果显示，安徽的污控设施改造措施导致全国胎儿智商下降 9 点，反而增加了汞排放相关的健康风险。虽然浙江、贵州和四川等省份的污控设施改造措施也导致二价汞排放有一定程度的增加，但由于其汞减排总量相对更大，且其他改造措施带来的正面健康效益能够予以抵消，最终其燃煤电厂汞减排措施仍然带来了正面的健康效益。

与上述两种措施相比，由于能效提升带来的汞减排和汞沉降减少量都不明显，因此其健康效益也相对较小，在全国范围内避免了 3252 点智商损失和 12 例心脏病相关过早死亡，约占关停电厂减排措施相关健康效益的 1/5。其中，广东（374 点智商和 1 例死亡）、浙江（301 点智商和 1 例死亡）、江苏（233 点智商和 1 例死亡）和四川（191 点智商和 1 例死亡）通过能效提升获得的健康效益最多，其余省份避免的致命性心脏病死亡都不足 1 例。能效提升减排措施在甘肃、青海、宁夏三个省份避免的心脏病死亡可以忽略不计，并且减少的智商损失也不足 10 点。

如表 3-2 所示，本部分模拟了不同的装机容量区间燃煤电厂汞减排的健康效益，发现装机容量在 30 万~60 万千瓦的燃煤电厂贡献了最大的健康效益，其汞减排避免了 8081 点智商损失和 30 例心脏病死亡，约占总体健康效益的 26.32%。此外，在不同的减排措施中，各装机容量区间贡献的减排效益存在显著差异。由于淘汰电厂大多是小型燃煤机组，所以大部分健康效益来自装机容量在 30 万千瓦以下的燃煤电厂，避免了 9407 点智商损失和 37 例过早死亡，占比淘汰电厂汞减排相关健康效益的 62.41%，而 60 万千瓦以上的淘汰燃煤电厂仅贡献了 1.6% 的健康效益。

表3-2 不同容量区间燃煤电厂汞减排的健康效益

容量区间（万千瓦）		<10	10~20	20~30	30~60	60~120	>120
淘汰电厂	避免智商降低（点）	3381	2818	3208	5715	246	—
	避免死亡（例）	13	11	13	21	1	—
新增 APCDs	避免智商降低（点）	300	333	226	1694	2798	6211
	避免死亡（例）	1	1	1	6	10	22
能效提升	避免智商降低（点）	272	135	268	673	730	1022
	避免死亡（例）	1	1	1	3	3	4
总量	避免智商降低（点）	3953	3286	3702	8081	3775	7233
	避免死亡（例）	15	13	15	30	14	26

与淘汰电厂不同的是，新增污控设施主要是针对大型燃煤电厂，该项措施的健康效益超过一半（6211点智商和22例死亡）都来自装机容量大于120万千瓦的燃煤电厂，同时30万~120万千瓦的燃煤电厂避免了4492点智商损失和16例心脏病死亡（占比37.88%）。然而，装机容量30万千瓦以下的燃煤电厂仅避免了859点智商损失和3例心脏病死亡，不到新增脱硫脱硝等污染物控制设施健康效益总量的10%。能效提升措施的健康效益在装机容量分布上较为平均，但仍然主要来源于装机容量在30万千瓦的燃煤电厂，避免了2426点智商损失和9例心脏病死亡，约占健康效益总量的3/4。其中，装机容量大于120万千瓦的燃煤电厂通过能效提升避免了1022点智商损失和4例心脏病死亡，占能效提升相关健康效益总量的31.43%。

在燃煤电厂所属企业性质的分类中，本节发现五大发电集团贡献了约45.80%的健康效益，其中华能（4733点智商和18例死亡）和国电（3295点智商和12例死亡）带来的汞减排效益最多，分别占比15.79%和11.40%（见表3-3）。从减排措施来看，华能集团的汞减排相关健康效益更多来源于新增脱硫脱硝等污染物控制设施，而国电通过关停小型燃煤机组对整体健康效益做出了重要贡献。此外，地方及省级企业的汞减排措施带来的健康效益也十分显著，共避免了8306

点智商损失和31例心脏病死亡，占比健康效益总量的26.32%。尤其是在淘汰电厂减排措施中，地方及省级企业避免了4911点智商损失和19例心脏病死亡，占淘汰电厂汞减排健康效益的31.94%，而对其余两项减排措施的健康效益贡献较小，分别为22.89%和20.94%。

表3-3 不同企业性质的汞减排健康效益　　　单位：点，例

所属企业性质	淘汰电厂		新增 APCDs		能效提升	
	避免 IQ	避免死亡	避免 IQ	避免死亡	避免 IQ	避免死亡
大唐	359	1	635	2	122	0
国电	2611	10	396	1	288	1
国电投	826	3	728	3	189	1
华电	1411	6	1138	4	323	1
华能	1615	6	2843	11	275	1
其他大型国企	1685	7	1193	5	252	1
地方及省级企业	4911	19	2714	9	681	3
个人占股私营企业	1350	5	700	2	195	1
自备电厂	177	1	−3	0	120	0
其他	417	2	204	1	217	1

　　结合装机容量的分类结果来看，在关停的小型燃煤机组中，约有一半装机容量小于10万千瓦的机组属于地方及省级企业，导致其在淘汰电厂汞减排的健康效益中贡献较大，避免了4911点智商损失和19例心脏病死亡，约占淘汰电厂汞减排效益的1/3，高于其在另外两项改造措施带来的健康效益中贡献占比。由于五大发电集团的改造措施主要是为大型燃煤机组更新污控设施，导致其贡献了超过一半的新增脱硫脱硝等污染物控制设施汞减排相关健康效益。私人企业和自备电厂贡献的健康效益相对较小，分别占健康效益总量的7%和1%左右，并且主要

集中在淘汰电厂减排措施方面。然而，由于部分自备电厂加装了SCR装置，在新增脱硫脱硝等污染物控制设施改造措施中自备电厂导致全国的汞排放相关健康风险增加，但从整体转型措施来看自备电厂仍然带来了正面的健康效益。

3.5　跨区域健康效益分析

由于大气传输的跨区域影响，汞减排健康效益也呈现出了较强的区域关联特性，图3-5显示了各省份汞减排健康效益的跨区域影响。结果表明，汞减排量前十的省份为全国带来了显著的健康效益，避免了21094点智商损失和78例心脏病死亡，约占健康效益总量的70%。此外，各省份健康效益约有47.23%得益于外地的汞减排，其中浙江（2182点智商和7例死亡，87.7%）、广东（1439点智商和7例死亡，63.74%）和江苏（1246点智商和6例死亡，55.74%）从其他地区汞减排中获得的健康效益最多。以浙江为例，在其获得的健康效益（2466点智商和11例死亡）中，超过87%的健康效益得益于其他地区的汞减排量，其中对浙江健康效益影响最大的地区是江苏（500点智商和2例死亡，20.29%）和山东（337点智商和1例死亡，13.66%），而浙江健康效益来源于本地汞减排的比例仅为11.50%。虽然广东接近2/3的健康效益来自其他地区汞减排，但广东本地的汞减排对其健康效益贡献（1439点智商和4例死亡）最大，占广东健康效益总量超过1/3，而其他单一地区的汞减排对广东健康效益的贡献均不足10%。在其他省份中，对广东健康效益影响最大的地区为江苏（306点智商和1例死亡，7.71%）、山东（239点智商和1例死亡，6.02%）和贵州（166点智商和1例死亡，4.18%）。

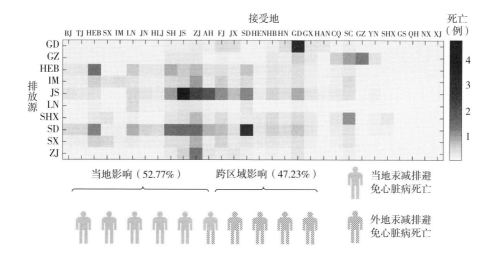

图 3-5　各省份汞减排健康效益跨区域影响

注：BJ（北京）；TJ（天津）；HEB（河北）；SX（山西）；IM（内蒙古）；LN（辽宁）；JN（吉林）；HLJ（黑龙江）；SH（上海）；JS（江苏）；ZJ（浙江）；AH（安徽）；FJ（福建）；JX（江西）；SD（山东）；HEN（河南）；HB（湖北）；HN（湖南）；GD（广东）；GX（广西）；HAN（海南）；CQ（重庆）；SC（四川）；GZ（贵州）；YN（云南）；XZ（西藏）；SHX（陕西）；GS（甘肃）；QH（青海）；NX（宁夏）；XJ（新疆）。

　　另外，江苏（3445 点智商和 13 例死亡）、山东（3350 点智商和 13 例死亡）和河北（1598 点智商和 6 例死亡）的汞减排对其他地区的健康效益贡献最大，分别占其对全国健康效益总贡献的 78.33%、78.01% 和 75.59%，也就意味着上述三个省份汞减排带来的健康效益仅有约 1/4 是当地受益。由于受大气传输效应的影响，汞减排健康收益仍然主要受到自身及邻近地区的影响，比如江苏汞减排带来的健康效益主要是浙江（500 点智商和 2 例死亡，11.38%）、安徽（538 点智商和 2 例死亡，12.24%）、福建（389 点智商和 1 例死亡，8.84%）等省份受益。

　　虽然山东汞减排带来的健康效益在全国仅次于江苏，但仅有不到 1/4 贡献给了山东本省，受益最大的地区是河北（457 点智商和 1 例死亡，10.64%）、浙江

（337 点智商和 1 例死亡，7.84%）和江苏（312 点智商和 1 例死亡，7.26%）。同时，河北的汞减排措施也在山东产生了健康效益，避免了 211 点智商损失和 1 例心脏病死亡，略低于河北从山东接收的健康效益。类似的情况还发生在山东和河北之间，如山东省汞减排在河北避免了 457 点智商损失和 1 例心脏病死亡，占河北省健康效益总量的 23.51%。然而，河北省汞减排对山东省健康效益的贡献则要小很多，仅为 211 点智商损失和 1 例心脏病死亡，占河北获得健康效益总量的 10.85%。

研究结果表明，部分省份对健康效益的贡献和收益存在较大差异，可能会导致减排责任和健康效益不匹配的情况。表 3-4 总结了汞减排量前十省份对全国健康效益的贡献及其自身获得的健康效益，发现江苏、山东、河北、陕西和内蒙古等省份的汞减排对全国健康效益贡献，都要远大于其自身接收的健康效益。其中内蒙古贡献和收益的差距最为显著，内蒙古汞减排导致全国避免了 1824 点智商损失和 7 例心脏病死亡的同时，内蒙古仅有 220 点智商和 1 例死亡的健康效益，前者是后者的 7 倍以上。江苏和山东是因为本身的汞减排量很大，在大气传输作用下也能够对其他地区产生显著的健康影响。

表 3-4　前十省份对全国健康效益的贡献和收益　　　单位：点，例

省份	贡献		收益	
	避免智商降低	避免死亡	避免智商降低	避免死亡
江苏	4397	17	2199	10
山东	4294	16	2240	7
河北	2114	8	1944	5
内蒙古	1824	7	220	1
广东	2227	7	3975	11
陕西	1628	6	247	1
山西	1640	6	455	1
贵州	1412	5	830	2

续表

省份	贡献		收益	
	避免智商降低	避免死亡	避免智商降低	避免死亡
浙江	925	4	2466	10
辽宁	633	3	504	3

虽然内蒙古的煤电大气汞减排量要高于山东，但由于前者人口基数和密度都很小，相应地，健康影响也不明显，最终内蒙古避免的智商损失仅为山东的 1/10，而避免心脏病死亡也只有 1/7。广东和浙江由于人口相对密集，在同样的汞减排情况下更能够获得健康效益，导致其对健康效益的贡献要小于其省内收益。例如，浙江汞减排量及其对全国健康效益的贡献要远低于山东、河北和内蒙古，但浙江内却从全国的汞减排中获得了可观的健康效益（2466 点智商和 10 例死亡），表明浙江汞减排对全国健康效益贡献（925 点智商和 4 例死亡）接近 2 倍多。因此，如果仅从生产视角划定减排责任，可能最终导致排放源以外的地区获得更多的健康收益，导致减排贡献和健康收益的严重不匹配，在制定燃煤电厂大气汞减排政策时要从区域协同治理的角度出发，根据排放量和最终收益情况合理划分减排责任。

3.6　汞减排健康效益政策启示

本书首次对中国"十二五"期间燃煤改造措施的汞减排相关健康效益进行了量化分析，从减少的汞沉降分布、避免智商损失和心脏病死亡等方面探究具体的大气传输效应和健康影响。研究发现，在此期间中国各省份通过减排汞污染23.51 吨（17.14 吨零价汞、6.23 吨二价汞和 0.19 吨颗粒汞），避免了 30485 点智商下降和 114 例致命性心脏病死亡，其中超过一半的汞减排相关健康效益归功于关停小型燃煤机组。在此基础上，本书拓展了针对燃煤电厂改造措施综合效益的评估框架，量化分析了在社会影响层面的汞减排健康效益，辨识了影响健康效益的关键参数和重点区域，为准确评估电力转型导致的污染物减排相关健康影响提供了分析工具和理论参考。此外，《关于汞的水俣公约》中也要求各成员国定期评估汞减排的相关成果，并结合综合效益评估结果采取最优的减排技术路径。本书的相关成果能够明确减少健康影响的具体举措，从而帮助决策者制定科学合理的燃煤电厂汞减排技术路线图，针对不同地区、不同电厂实施针对性和适应性更强的转型策略。

虽然上述燃煤电厂改造措施在减少汞排放方面取得了显著成效，但煤电行业仍然面临着巨大的减排压力和环境挑战。值得注意的是，现阶段中国仍然保有大量的燃煤电厂且在持续增长中，2020 年煤电装机总量为 10.80 亿千瓦，与 2015 年相比年均增长了 3.7%。此外，高污染、高能耗的小型燃煤机组装机容量也不容忽视，约占中国煤电装机总量的 1/5。具体到省份来讲，现存的小型燃煤机组主要集中在山东（2945 万千瓦）、内蒙古（1257 万千瓦）、河南（1061 万千瓦）、江苏（1023 万千瓦）和山西（962 万千瓦）等省份，约占全国小型燃煤机组总量的一半。一方面，小型燃煤机组无法承担高昂的改造升级费用，安装完善的脱硫脱硝等污染物控制设施会严重影响其运行阶段的经济效益，甚至出现成本大于收益的情况。另一方面，在《火电厂大气污染物排放标准》等环境政策的严格要求下，部分燃煤电厂即使经过改造也无法满足排放标准。随着部分燃煤机组在未来十年内逐渐达到其使用寿命，淘汰燃煤电厂仍将是电力部门清洁低碳转型的重点工作之一。

然而，如果短时间内大量的燃煤电厂退役，对于部分煤电占比高的地区可能存在缺电风险。例如，山东作为我国第三大经济体，其煤电部门中 35% 的燃煤机组装机容量小于 30 万千瓦，如果短时间内退役所有小型燃煤机组，山东将面临超过 10000 万千瓦时的电力缺口。因此，以煤电作为主要供应能源的省份在制定电力转型政策时，要充分考虑电力供应需求，避免出现因转型过快而影响基本的社会生产和民生用电。大力推进"上大压小"政策，用相对高效和清洁的燃煤机组替代现有小型燃煤机组，同时根据自身资源禀赋发展可再生能源，都能够在实现电力清洁低碳转型的同时保障能源供应。

从不同的装机容量等级来看，能效提升和新增脱硫脱硝等污染物控制设施带来的汞减排健康效益主要来源于装机容量大于 30 万千瓦的燃煤机组，在两种减排措施带来的健康效益中占比均超过 70%。此外，中国超过一半的燃煤电厂属于五大发电集团，并且其资金实力和技术水平都相对较高，能够负担对大型燃煤机组的超低排放改造成本。在新增脱硫脱硝等污染物控制设施改造措施带来的减排效益中，五大发电集团就贡献了约 50%。为了积极推进国家的电力转型战略，以五大发电集团为代表的大型国有企业应当勇于承担社会责任，将集团整体资源向燃煤电厂倾斜，建立燃煤电厂清洁改造的标杆和典范。同时，对于经过超低排放改造后达标的小型燃煤机组，虽然受限于机组固有特性和关键参数，导致其发电效率仍然无法与大型机组相比，但是可以考虑进行灵活性改造后，发挥其深度调峰调频特性，或改造为热电联产机组，以提高整体能源利用效率。

本书还发现，部分地区由于增加了 SCR 装置导致在减少汞排放总量的同时，更容易转化为甲基汞的二价汞排放反而增加了，从而进一步增加了汞排放相关的健康风险。基于此，在制定汞减排策略和选择污控设施时，不能仅以减少汞排放总量为唯一指标，要同时将人群健康风险作为评价指标纳入综合评估体系。然而，2011 年最新发布的《火电厂大气污染物排放标准》只规定了 0.03 毫克/立方米的总汞排放限值，尚未针对二价汞、颗粒汞和零价汞等汞排放形态制定清晰的排放标准。因此，有必要在未来的燃煤电厂排放标准中，根据健康效益的影响从排放总量、排放浓度、排放形态等方面制定更为合理的标准，为保护人群身体健康提供政策支撑。在污控设施的选择方面，应当鼓励有条件的电厂安装更有针对性的汞脱除设备，全面降低各种形态的汞排放。此外，也有部分学者提出了专门针对汞排放的污染物脱除技术，包括活性炭注射、有机催化剂、磁性催化剂等[119-121]。应用针对性更强、脱除效率更高的汞污染控制设施，能够避免出现汞排放总量下降，但二价汞排放增加导致健康效益受损的情况，全面提升汞减排政策带来的健康效益。

由于大气传输效应导致汞排放能够发生长距离的传输，燃煤电厂改造措施带来的健康效益也呈现出了显著的区域关联和跨区域传输效应。例如，浙江在此期间共避免了 2466 点智商损失，其中 88.50% 得益于外地的汞减排措施，尤其是江苏和山东的汞减排使浙江获得了大量的健康效益。因此，为了全面改善汞排放相关的健康效益，需要建立区域协同治理的汞减排政策，共同维护人类赖以生存的生态环境。考虑到部分省份对全国健康效益的贡献和自身收益方面的严重不匹配，应当根据"生态保护补偿机制"的政策，要求健康收益较多的地区承担更多的减排责任，同时给予劣势地区适当的经济补偿。以内蒙古为例，其燃煤电厂汞减排避免了全国 1824 点智商损失和 7 例心脏病死亡，是内蒙古自身获得健康效益的 7 倍多。而广东、浙江等经济发达省份由于人口更为密集，获得的健康效益要远大于其自身贡献。因此，经济发展相对较好的东部地区可以为西部燃煤发电基地提供资金和技术支持，以减少跨区域传输的汞排放和相应的健康损失。

上述结果表明，健康效益不仅与汞排放和汞沉降有关，人口也是影响健康效益的重要因素。在减少相同的汞沉降量时，人口基数和密度较大的地区获得的健康效益更为显著。例如，贵州相比于广东减少了更多的汞沉降，但前者获得的健康效益却只有后者的 1/5。同样地，江苏（257.20 千克）和陕西（254.80 千克）减少的汞沉降量大致相同，但江苏因为汞减排避免的智商损失是陕西的 8 倍多。除了人口的因素，饮食结构也会影响各地的汞减排相关健康效益，并且区域间的食物贸易也会导致不同区域间的甲基汞传输，所以当地的健康效益不仅通过大气传输效应与外地汞减排紧密关联，还能够通过食品贸易受到外地汞污染的影响。

鉴于汞排放相关的健康影响与人口密切相关，在制定电力清洁低碳转型策略时，应当优先逐步关停长三角、珠三角等人口密集地区的燃煤电厂，并尽量避免在人口密集地区新建燃煤发电项目。此外，结合我国煤炭资源的分布情况，在西部地区建立大型发电基地，进一步扩大西电东送规模，能够整体上减少我国燃煤电厂汞排放造成的健康影响。同时，在制定电力清洁低碳转型策略时，一方面要充分考虑当地的人口、资源、电力结构等实际情况，另一方面要从宏观角度综合考虑跨区域的健康影响，制定多区域协同治理的汞减排策略和电力转型路径。

3.7　本章小结

本章在高分辨率汞减排清单的基础上，构建了中国燃煤电厂汞减排健康效益评估模型，量化分析了大气传输导致的跨区域健康影响，辨识了影响汞减排健康效益的关键参数和重点区域，为准确评估汞减排健康效益提供了研究框架和数据基础。主要结论如下：

第一，三种减排措施带来了显著的健康效益，共避免了 30485 点的新生儿智商下降，同时减少了 114 例由于致命性心脏病导致的死亡，其中超过一半的健康效益来自关停小型燃煤机组，而新增脱硫脱硝等污染物控制设施和能效提升分别贡献了 38.90% 和 10.67% 的健康效益。

第二，在新增污控设施减排措施中，安装 SCR 会更容易导致转化为甲基汞的二价汞排放上升，从而抵消了部分新增脱硫脱硝等污染物控制设施带来的健康效益。因此，并非所有的大气汞减排措施都会带来健康效益。在未来的大气汞减排策略中，需要针对不同汞形态制定更为详细的排放标准，并采用能全面脱除汞排放的污控设施。

第三，从电厂分类来看，装机容量小于 30 万千瓦的燃煤电厂贡献了超过 60%的淘汰电厂汞健康效益，而新增脱硫脱硝等污染物控制设施和能效提升的减排效益则主要来自装机容量在 30 万千瓦以上的燃煤电厂。此外，五大发电集团的改造措施带来了 45.8%的大气汞减排健康效益，尤其是新增脱硫脱硝等污染物控制设施相关的健康效益。

第四，由于健康效益受到大气传输、食品贸易和人口密度的影响，各省份的大气汞减排健康效益具有显著的区域关联特性，且人口密度更大的地区能够获得更显著的健康效益。研究结果表明，接近一半的健康效益都得益于外地的大气汞减排，其中浙江、广东和江苏从外地获得的大气汞减排相关健康效益最多。

第4章 电力行业水资源清单编制及转型影响评估

4.1 引言

电力部门一直是中国水资源消耗的重点部门，2020年火电和核电部门直流冷却用水量达470亿立方米，占工业用水总量的45.61%[72]。相比之下，风电和光伏在运行过程中消耗的水资源更少，其中光伏发电仅在清洗电池组件时需要用水，且用水强度约为0.2立方米/万千瓦时[85]，用水总量不足火电和核电的1%。长期以来，我国存在人均水资源占有量较少、水资源分布不均、能—水不匹配等问题，83%的水资源集中在长江流域以南的省份。华北作为全国主要的煤炭产地，水资源仅占全国水资源总量的17%，而人口却占全国总人口的41%，耕地面积占全国总量的56%[15,122]。

电力转型过程中淘汰燃煤电厂、更新冷却方式都会影响电力部门的用水量，从而导致耗水总量和用水强度的变化。然而，关于电力转型对当地水资源压力的影响缺乏科学认知，也缺乏长时间序列、高分辨率的电力行业水资源消耗清单，对于传统能源和新型能源没有进行耦合分析，无法从整体的角度辨识电力行业水资源消耗的演变规律及时空关系。此外，现有文献在开展水资源压力评估时，大多采用电力部门耗水量占当地水资源总量的比值作为评价指标，没有考虑不同地区产业结构、生态环境的差异，对各地电力行业的用水上限缺乏定量的指标。因此，亟须开展高精度、长时间、多部门的电力行业水资源消耗评估工作，为准确识别电力行业中能—水关系，制定科学合理的电力行业水资源管理政策提供数据支撑。

本章聚焦电力转型对水资源影响的量化分析，结合点源级的高分辨率电厂清单，整理了超过 6 亿千瓦的燃煤电厂冷却方式，进一步核算了电力部门整体的用水和耗水清单。在此基础上，本章利用水资源行星边界的研究方法，根据各地生态环境中的水资源储量核算其当地水资源边界，并按照不同省份电力部门的工业用水占比、电力部门产值占比等数据将水资源行星边界降尺度到电力部门，明确各地电力部门水资源消耗量的上限。最后，通过对比分析各地电力部门耗水现状和水资源消耗上限，构建了基于当地生态环境和产业结构的电力部门水资源评估机制，并探究电力转型对其水资源压力的影响。

4.2　电力部门水资源清单核算及压力评估方法

4.2.1　电力部门取水和耗水清单计算方法

燃煤电厂贡献了电力部门最主要的淡水资源消耗，且不同的水资源消耗强度（单位发电的耗水量：吨/百万瓦时）主要取决于燃煤电厂的冷却方式，可以分为直流式水冷却、闭式循环水冷却、空冷却三种方式，详细的耗水强度如表4-1所示。此外，光伏电站由于要定期清洗光伏板，也会产生一定的耗水量，其耗水强度约为0.2吨/万千瓦时[85]。电厂耗水量计算方式如下：

$$WC_i = EG_i \times WCI_i \tag{4-1}$$

其中，WC_i表示发电厂i的耗水量（单位：吨）；EG_i表示发电厂i的年发电量（单位：百万瓦时）；WCI_i表示发电厂i的耗水强度（吨/百万瓦时）。

同理，电厂取水量的计算公式如下：

$$WW_i = EG_i \times WWI_i \tag{4-2}$$

其中，WW_i表示发电厂i的取水量（单位：吨）；WWI_i表示发电厂i的取水强度（吨/百万瓦时）。

表4-1　不同容量等级燃煤电厂的取水强度和耗水强度[79,81]

单位：吨/百万瓦时

机组容量区间	冷却类型	取水强度	耗水强度
<10万千瓦	直流式水冷却	103.10	0.56
	闭式循环水冷却	3.09	2.47
	空冷却	1.00	0.59
10万~30万千瓦	直流式水冷却	103.10	0.56
	闭式循环水冷却	2.70	2.16
	空冷却	0.59	0.59
30万~60万千瓦	直流式水冷却	103.10	0.34
	闭式循环水冷却	2.37	1.89
	空冷却	0.37	0.37
60万~100万千瓦	直流式水冷却	100.60	0.28
	闭式循环水冷却	2.06	1.65
	空冷却	0.33	0.33
≥100万千瓦	直流式水冷却	82.80	0.23
	闭式循环水冷却	2.11	1.69
	空冷却	0.31	0.31

4.2.2 水资源行星边界计算方法

水资源行星边界是基于当地水资源总量，设定不影响生态环境的最大耗水量，主要取决于不同地区的地表和地下水资源总量。具体计算方法如下：

$$WPB_j = MMF_j - (EFR_j + 0.15 \times MMF_j) \tag{4-3}$$

其中，WPB 表示省份 j 的水资源行星边界；MMF 表示区域 j 内各流域的平均流量；EFR 表示省份 j 的生态需水量，设定丰水季的 EFR 为 MMF 的 30%，平水季为 45%，枯水季为 60%；0.15MMF 项表示不确定性。

此外，本部分在不同省份水资源行星边界的基础上，根据当地的产业结构核算了电力部门的耗水上限，同时将其与电力部门实际耗水量进行对比，作为评价不同省份电力部门水资源压力的指标。电力部门耗水上限的计算方式如下：

$$WCM_j = WPB_j \times \frac{WCT_j}{WCA_j} \times \frac{EG_j}{TG_j} \tag{4-4}$$

其中，WCM_j 表示省份 j 电力部门的耗水量上限；WCT_j 表示当地的工业耗水量；WCA_j 表示当地的总耗水量；EG_j 表示省份 j 电力部门的增加值；TG_j 表示省份 j 工业部门增加值。

4.3 电力部门水资源消耗清单

本节构建了涵盖燃煤电厂发电量、机组容量、冷却方式和耗水强度的点源级基础数据库，所有燃煤电厂发电总量达 30277 亿千瓦时，占 2010 年全国火力发电总量的 90% 以上。研究结果表明，2010 年中国燃煤电厂取水量为 54366.69 吨，而耗水量为 3386.54 吨，分别占全国工业取水总量和耗水总量的 37.62% 和

9.50%（各省区详细数据见附表7）。如图4-1所示，燃煤电厂取水量最多的省份是江苏（19495.08吨）、安徽（4999.44吨）和湖北（4421.45吨），其中江苏取水量超过后两者的总和。此外，甘肃、青海和海南等省份燃煤电厂取水量不足100吨，海南是全国所有省份中取水量最少的，仅为0.21吨。造成省份间取水量显著差异的主要原因是燃煤电厂采用的冷却技术不同，直流冷却应用比例较高的地区取水量会明显高于其他地区，取水量排名前十的省份共使用水资源46087.40吨，占全国燃煤电厂取水总量的84.77%。

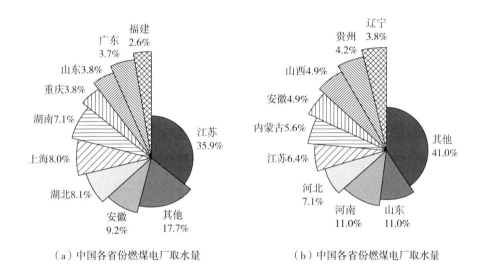

（a）中国各省份燃煤电厂取水量　　　　　（b）中国各省份燃煤电厂取水量

图4-1　2010年中国各省份燃煤电厂水资源消耗情况

从水资源消耗量来看，山东、河南和河北是燃煤电厂耗水量最多的省份，分别为371.22吨、370.93吨和241.80吨，三者耗水量约占全国耗水总量的30%。上述三个省份的燃煤电厂绝大多数采用了闭式循环冷却，虽然能够降低取水量，但耗水量却是三种冷却方式中最高的。以山东为例，除了约26%的滨海电厂利用海水冷却，其余电厂绝大部分都采用了循环冷却技术，后者贡献了山东省耗水总量的一半以上。此外，重庆、青海和海南三个省份的煤电耗水量最少，分别为

32.35 吨、13.99 吨和 0.21 吨。虽然各省份燃煤电厂的耗水量也存在较大差距，但总体来讲远小于各省份的取水量分布区间，排名前十的省份耗水量占全国耗水总量的 62.55%。

从不同冷却装置类型来看，有 79 个燃煤电厂采用直流式水冷却技术，其取水量达 45090.95 吨，占比燃煤电厂取水总量的 82.94%，但同时只消耗了 4.58% 的水资源。如图 4-2 所示，采用闭式循环水冷却的燃煤电厂最终消耗了 88% 的水资源（154.97 吨），成为了对生态环境影响最大的冷却方式。此外，闭式循环水冷却也是全国应用最为广泛的燃煤电厂冷却技术，一共有 361 个电厂采用闭式循环水冷却技术，占全国燃煤电厂总数的 56.94%。相比之下，全国有 119 个燃煤电厂采用空冷却机组，总装机容量是采用直流式水冷却的 115.89%，但前者的取水量和耗水量分别是后者的 0.45% 和 129.28%。

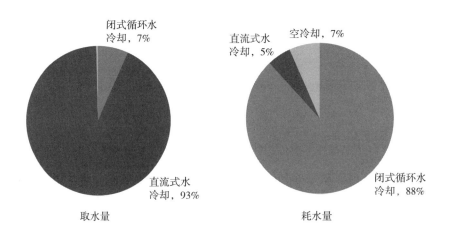

图 4-2　全国燃煤电厂中三种冷却方式的取水量和耗水量占比

由此可见，三种冷却方式适应的环境各不相同，直流式水冷却虽然取水量较多，但最终的水资源消耗量却是最少的，适合淡水资源相对丰富且取水方便的地区。江苏燃煤电厂取水量达 19495.08 吨，是山东燃煤电厂取水量的 9 倍多，但江苏耗水量却不到山东的 60%，主要原因是江苏一半的燃煤电厂都采用了直流式水冷却方案。此外，湖北、湖南和上海等地也大量配备了直流式水冷却装置，导致其取水量要显著高于其他省份。

闭式循环水冷却在直流式水冷却的基础上大大减少了取水量，从而降低了对淡水资源的依赖，但同时又导致水资源消耗量大幅上升，在山东、河南和河北等省份运用较为广泛。山东煤电装机总容量为 4251 万千瓦，其中 2655 万千瓦（62.46%）的燃煤机组采用了闭式循环水冷却技术，但却贡献了 97.28%的水资源消耗量，主要原因是山东其他的燃煤机组主要采用海水冷却，仅有少量机组采用直流式水冷却。此外，北京的 4 座燃煤电厂中 3 座都采用了闭式循环水冷却，且机组容量为 10 万~30 万千瓦，导致其耗水强度位居全国之首（19.2 吨/万千瓦时）。值得注意的是，虽然直流式水冷却的取水强度比闭式循环水冷却要大得多，但前者的耗水强度约为后者的 1/4，在水量充足且取水方便的地区采用直流式水冷却可以减少水资源消耗量。

空冷却机组的耗水强度略高于直流式水冷却，取水量是三者中最小的。对于西北缺水地区来说，由于缺乏充足的海水和淡水资源，主要采用空冷却机组来减少水资源消耗，主要包括山西、内蒙古和陕西等省份。以内蒙古为例，全省超过 70%的燃煤电厂采用空冷却技术，其余的燃煤电厂均采用闭式循环水冷却，最终其耗水强度仅为 8.5 吨/万千瓦时。与之相似的是，山西有 50 座燃煤电厂，其中 36 座（72%）采用了空冷却技术，剩下的都采用了闭式循环水冷却，其取水强度（9.3 吨/万千瓦时）和耗水强度（8 吨/万千瓦时）在全国各省份中仅高于大部分采用海水冷却的海南省。此外，华能上安电厂和大唐张家口电厂都位于河北，前者装机容量为后者的 1/2，但由于上安电厂采用的空冷却技术耗水强度只有循环水冷却的 15.46%，导致其年耗水量不到后者的 1/10。

海水冷却由于受到地理位置的限制，全国只有 76 个电厂应用了该项技术，主要集中在广东（16 个）和浙江（14 个）等沿海地区。上述两个省份的燃煤电厂平均耗水强度分别为 4.6 吨/万千瓦时和 3.4 吨/万千瓦时，显著低于全国平均水平（10.2 吨/万千瓦时）。以广东为例，约有 70% 的燃煤机组采用了海水冷却，仅有 17 个燃煤电厂（8.89 吉瓦，23.86%）采用闭式循环水冷却技术，但后者却消耗了 78.59% 的水资源。在所有省份中，海南的取水强度（0.2 吨/万千瓦时）和耗水强度（0.1 吨/万千瓦时）都是全国最低，主要得益于海南充分利用了海水资源丰富的地理优势，4 座燃煤电厂中 3 座都采用了海水冷却的方式，极大地节约了淡水资源。

从具体电厂来看（部分点源级清单见附表 8），全国耗水量最大的电厂是位于内蒙古的华能伊敏煤电有限责任公司，年耗水量 35.76 吨。全国耗水量排名前十的燃煤电厂均采用了闭式循环水冷却技术，并且其中有 3 个都位于内蒙古，另外两个燃煤电厂分别是华能北方达拉特旗发电厂（28.33 吨）和内蒙古大唐国际托克托发电有限责任公司（23.85 吨）。同时，全国耗水量最少的燃煤电厂是装机容量仅为 0.6 万千瓦的中电洪泽热电有限公司，该机组采用直流式水冷却，年耗水量仅为 0.01 吨。在取水量方面，排名前三的燃煤电厂分别为国电谏壁发电厂（1513.87 吨）、华能福州电厂（1427.13 吨）和华能珞磺电厂（1256.87 吨）。此外，取水量前十的燃煤电厂有一半位于江苏省，并且其取水总量为 11692.77 吨，占全国取水总量的 21.51%。

从机组容量等级的角度来看，通常是单机容量越大的机组，水资源消耗强度会越低，100 万千瓦的燃煤机组甚至可以比 10 万千瓦机组耗水强度降低接近 60%。因此，持续优化燃煤电厂机组结构，推进"上大压小"也能够减少水资源消耗，其中影响最大的是空冷却技术的取水强度，最高降幅达 70%。但相比于第 2 章中燃煤电厂的大气汞排放因子，装机容量对水资源消耗强度的影响相对较小，在采用空冷却技术的燃煤电厂中，100 万千瓦级机组的耗水强度仅比 30 万千瓦级机组低 0.3 吨/万千瓦时。江苏、内蒙古和陕西等省份的大型机组数量较多，其中江苏有 20 座燃煤电厂机组装机容量全部大于 60 万千瓦，占江苏总量的 41.67%。例如，国电泰州发电有限公司和国华太仓发电有限责任公司均采用了直流式水冷却,且机组容量等级分别为100万千瓦和60万千瓦,前者用1.2倍的水资源消耗量生产了1.5倍的电能,提高了资源利用效率。唯一出现反常情况的是闭式循环水冷却技术,当机组装机容量从60万千瓦提升到100万千瓦时,其取水强度和耗水强度反而略微增加了2%左右。从整体上来讲,增加单机容量仍然有助于减少水资源消耗。

4.4 电力转型对水资源的影响

在前文提及的燃煤电厂三种改造措施中,只有关停小型燃煤机组和新增污控设施能够对水资源消耗产生影响,而单位发电煤耗的降低无法直接影响电力部门整体的水资源消耗量。此外,光伏面板的定期清理也会增加电力部门的耗水量,需要在水资源评估中考虑可再生能源替代的影响。为了系统评估电力转型对水资源的影响,本节针对淘汰电厂、更新污控设施、新建光伏电站三种转型措施,核算了不同措施导致的取水量和耗水量变化。研究发现,关停小型燃煤机组改造措施减少水资源消耗268.63吨,其中204.01吨是根据点源级数据库计算的,占淘汰电厂减少水资源总量的3/4。

与2010年燃煤电厂耗水总量相比,淘汰电厂用5.14%的装机容量减少了7.93%的水资源消耗(见表4-2),表明淘汰电厂的水资源消耗强度略高于全国燃煤电厂平均值。从冷却类型来看,采用了闭式循环水冷却的淘汰电厂装机容量占比为61%,但却贡献了超过70%的水资源消耗减少量。空冷却机组的应用仍然集中在内蒙古、山西和陕西,总装机容量797万千瓦,减少的取水量和耗水量分别为7.56吨和7.21吨。此外,仅有4座淘汰电厂利用海水冷却,分别位于山东、江苏和广东等沿海省份。

表4-2 中国各省份淘汰电厂的节水效益

单位：吨，吨/百万瓦时

省份	取水量	耗水量	取水强度	耗水强度
山东	37.66	30.08	2.20	1.76
贵州	35.93	28.74	2.70	2.16
江苏	857.81	26.24	43.84	1.34
河北	25.21	20.22	2.58	2.07
北京	271.69	19.34	25.28	1.80
广东	20.54	16.43	2.72	2.18
山西	19.54	15.41	1.88	1.48
江西	15.34	12.28	2.44	1.95
辽宁	14.87	11.86	2.40	1.92
新疆	13.98	11.26	4.52	3.64
天津	13.57	10.83	2.48	1.98
重庆	12.75	10.20	2.61	2.09
四川	12.32	9.85	2.76	2.21
吉林	9.91	7.92	2.70	2.16
浙江	9.19	7.35	3.01	2.41
湖北	7.24	5.79	2.32	1.85
青海	35.62	5.41	11.72	1.78
内蒙古	5.41	5.15	1.19	1.13
河南	5.79	4.63	2.70	2.16
黑龙江	28.80	4.37	11.72	1.78
陕西	1.70	1.67	0.41	0.40
福建	1.85	1.48	2.89	2.31
云南	1.26	1.01	3.25	2.60
湖南	149.46	0.59	92.41	0.36
广西	0.21	0.17	1.84	1.47
安徽	0.16	0.13	2.70	2.16
宁夏	0.84	0.13	11.72	1.78
甘肃	0.68	0.10	11.72	1.78
总量	1609.32	268.63	10.88	1.82

如图 4-3 所示，山东、贵州和江苏淘汰燃煤电厂带来的节水效应最为显著，分别减少水资源消耗量 30.08 吨、28.74 吨和 26.24 吨。此外，排名前十的省份贡献了超过 70%的节水效应，共减少水资源消耗 191.85 吨。山东共关停了 30 座燃煤电厂，其中绝大部分采用了闭式循环水冷却技术，减少耗水量最大的是临沂电厂（1.74 吨）。从全国层面来看，淘汰电厂的节水效应主要和年发电量相关，通常淘汰容量越大，节水效应越明显。锦州东港电力有限公司和北京京能热电股份有限公司是减少耗水量最多的两个电厂，两者都是淘汰了 4 台采用闭式循环冷却的 20 万千瓦燃煤机组，分别带来了 11.79 吨和 10.86 吨的节水效益。

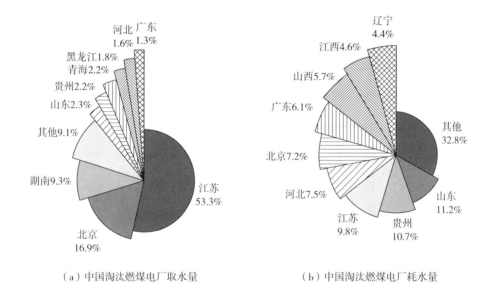

（a）中国淘汰燃煤电厂取水量　　　　　　（b）中国淘汰燃煤电厂耗水量

图 4-3　中国淘汰燃煤电厂减少水资源消耗清单

在取水强度和耗水强度方面，湖南和江苏由于淘汰了部分采用直流式水冷却的燃煤机组，导致其淘汰电厂的取水强度显著高于其他省份，分别为 924.1 吨/万千瓦时和 438.4 吨/万千瓦时。相比之下，湖南仅淘汰了 4 座燃煤电厂，且均采用了直流式水冷却，因此取水强度最高。同时，江苏在此期间共关停了 62 座燃煤电厂，其中直流式水冷却和闭式循环水冷却各占一半，分别带来了 3.39 百万吨和 21.52 百万吨的节水效益。由此可见，在水资源相对充足的地区，优先淘汰闭式循环水冷却机组可以带来更为显著的节水效益。在所有省份中，陕西淘汰的 4 座燃煤电厂都应用了空冷却技术，且一半的电厂单机容量在 60 万千瓦以上，因此陕西的耗水强度（4 吨/万千瓦时）仅次于湖南，最终其燃煤电厂改造措施贡献了 1.67 吨的节水效益。

从点源清单来看，锦州东港电力有限公司减少的水资源消耗量最多（11.79 吨），其次是北京京能热电股份有限公司（10.86 吨）和盘州市发电厂（9.66 吨）。与淘汰电厂大气汞减排量类似的是，带来节水效益较大的电厂主要是因为装机容量和年发电量较大，其中减少耗水量排名前十的电厂一共避免了 76.65 吨水资源消耗量，占比淘汰电厂节水总量的 28.54%。除了采用海水冷却的 4 座燃煤电厂，位于浙江的慈溪金轮能源发展有限公司带来节水效益最小（0.0015 吨），不足锦州东港电力有限公司的 1‰，主要原因是其年发电量仅有 62 万千瓦时。在减少取水量方面，部分采用直流式水冷却的电厂虽然装机容量更小，但对节约取水量的贡献更大。例如，装机容量只有 5 万千瓦的张家港恒东热电有限公司减少取水量 36.99 兆吨，是锦州东港电力有限公司（60 万千瓦）的两倍多。在所有淘汰电厂中，国华北京热电分公司减少的取水量最多（249.19 吨），而排名前十的淘汰电厂中有 9 个采用直流式水冷却，共减少取水量 963.19 吨，占总量的 59.85%。

近年来，燃煤电厂中湿法烟气脱硫的安装比例大幅提升，一方面极大地缓解了二氧化硫污染问题，另一方面也通过烟气排放、石膏回收等增加了电厂的水资源消耗量。根据以往文献调研，本部分假设 30 万千瓦和 60 万千瓦级燃煤机组湿法脱硫装置综合耗水量分别为 100.3 吨/小时和 94.11 吨/小时，并结合上述燃煤电厂新增污染物控制装置清单量化分析了湿法烟气脱硫对燃煤电厂整体耗水量的影响。结果表明，"十二五"期间新增湿法烟气脱硫导致燃煤电厂耗水量增加 39.88 吨，占淘汰电厂减少耗水量的 14.85%，如图 4-4 所示。

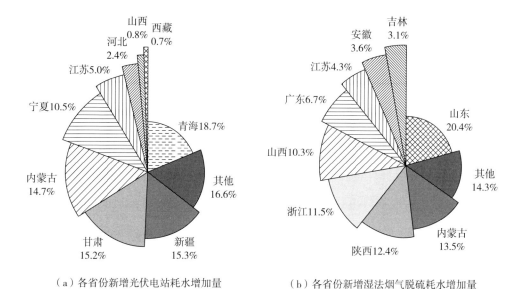

（a）各省份新增光伏电站耗水增加量　　　（b）各省份新增湿法烟气脱硫耗水增加量

图 4-4　各省份新增光伏电站和新增湿法烟气脱硫耗水增加量

其中，山东、内蒙古和陕西带来的新增水资源消耗量最大，分别为 8118113 吨、5383780 吨和 4937709 吨（各省份详细数据见附表 9）。以山东为例，山东在此期间一共有 16 座燃煤电厂加装了脱硫装置，装机容量达 783.6 万千瓦，其中滕州新源热电公司脱硫系统增加的耗水量最多（0.54 吨）。然而，湿法烟气脱硫耗水在电厂耗水总量中的占比较小，导致其加装湿法烟气脱硫带来的耗水增加量仅为山东省燃煤电厂耗水总量的 2.19%。此外，不同装机容量的电厂脱硫系统耗水强度相差不大，因此电厂脱硫系统的最终耗水量主要取决于年运行小时数。在所有加装湿法烟气脱硫的电厂中，富春江环保热电有限公司年运行小时数超过 8000 小时，导致其湿法烟气脱硫增加的耗水量位居全国之首，达 0.82 吨。此外，滨州天鸿热电有限公司的脱硫系统增加的耗水量仅为 0.20 吨，主要是因为其年运行时长不足 2000 小时。

随着新能源电站的快速扩张，2015 年光伏发电相比于 2010 年增加了 387.8 万千瓦时，按照清洗光伏板时 0.2 吨/万千瓦时的耗水强度，光伏电站导致水资源消耗增加了 0.78 吨。从省份角度来看，光伏耗水量的增加主要集中在光照资源相对充足的西北地区，其中青海（0.15 吨）、新疆（0.12 吨）、甘肃（0.12 吨）、内蒙古（0.11 吨）和宁夏（0.08 吨）的贡献最大，并且上述 5 个省份就占据了光伏耗水量增加总量的 74.4%（见图 4-4）。在全国各省份中，贵州和重庆的转型措施中仅涉及淘汰电厂和新建风力发电站，因此上述两个省份的耗水量没有增加。与燃煤电厂新增湿法烟气脱硫相比，光伏电站导致的耗水增加量很小，后者甚至不足前者的 2%。由此可见，积极发展新能源替代传统能源，能够显著减少水资源消耗，有利于缓解电力部门对当地生态环境造成的水资源压力。

总体来讲，虽然新增湿法烟气脱硫和光伏发电导致耗水量略微增加，但"十二五"期间电力清洁低碳转型措施仍然大幅减少了水资源消耗，共带来了 268.63 吨的节水效益。其中，节水效益最显著的省份为贵州、江苏和山东，其减少的淡水资源消耗量分别为 28.74 吨、24.48 吨和 21.92 吨，而陕西、安徽、内蒙古等 5 个省份在电力转型影响下耗水量都有一定程度的增加，分别导致耗水量增加 3.29 吨、1.30 吨和 0.35 吨等。从省份排序来看，山东淘汰电厂减少耗水量为 30.08 吨，要略高于贵州和江苏淘汰电厂的节水量，但由于"十二五"期间安装了大量的脱硫装置，导致山东电力转型减少的耗水量要小于贵州和江苏的。

4.5 电力部门水资源压力评估

如表 4-3 所示，本节基于当地的水资源径流量确定了中国各省份的水资源行星边界，并在此基础上结合产业结构将水资源行星边界降尺度为电力部门用水上限，从而评估不同地区电力部门耗水造成的水资源压力。从水资源行星边界结果来看，广西、云南和四川三个省份的淡水资源最为丰富，其行星边界分别为

73251.52 吨、59657.03 吨和 57793.84 吨，其余各省份的水资源行星边界均小于500 亿立方米（详细数据见附表 10）。除了各直辖市，宁夏、山西、河北、吉林和甘肃等省份的水资源行星边界最小，其中宁夏的水资源行星边界甚至不足广西的 1%。全国水资源分布总体呈现东多西少、南多北少的地理特征，与电力装机的分布存在一定的错位关系，导致各地电力部门耗水对生态环境的影响也各不相同。

表 4-3　全国各省份电力部门水资源压力评估　　　　　单位：吨,%

省份	电力部门耗水上限	电力部门实际耗水量	水资源压力指标
广西	2224.79	67.76	3.05
云南	530.88	79.09	14.90
四川	4005.20	93.75	2.34
广东	786.60	114.18	14.52
湖南	603.15	72.33	11.99
江西	1001.15	81.11	8.10
福建	946.13	51.47	5.44
贵州	1962.15	141.08	7.19
湖北	787.64	72.62	9.22
浙江	726.85	69.94	9.62
安徽	330.14	167.54	50.75
黑龙江	153.57	121.80	79.31
内蒙古	521.62	190.36	36.49
青海	896.02	11.76	1.31
重庆	377.46	32.35	8.57
新疆	207.41	86.98	41.94
河南	140.00	370.93	264.95
陕西	215.35	90.45	42.00
江苏	95.95	216.23	225.35
海南	157.76	0.17	0.11
辽宁	235.43	129.96	55.20

续表

省份	电力部门耗水上限	电力部门实际耗水量	水资源压力指标
山东	252.42	371.22	147.06
甘肃	125.84	40.73	32.37
吉林	121.29	83.07	68.49
河北	105.02	241.88	230.32
山西	99.27	167.33	168.56
上海	47.95	55.56	115.87
宁夏	13.93	44.85	321.90
天津	7.65	69.89	913.88
北京	101.63	50.26	49.46
总量	17780.25	3386.65	38.31

结果表明，我国整体水资源压力差异显著，广西的电力部门耗水上限（2224.79吨）是河北（105.02吨）的20倍以上，而其电力部门实际耗水（67.76吨）仅为河北（241.88吨）的1/4。因此，导致河北电力部门耗水严重超出了其用水上限，对当地水资源产生了较大压力，应当作为节水政策的重点治理地区。本节将电力部门实际耗水量和耗水上限的比值作为水资源压力指标，用来量化分析各地区电力部门耗水对当地水资源压力的大小，发现天津、宁夏、河南和河北等省份的水资源压力较大。

与之相反，海南、青海、四川、广西、福建等省份发电部门造成的水资源压力最小，水资源压力指标均未超过10%。此外，全国水资源压力指标平均值为19.05%，共有17个省份水资源压力指标高于平均值，其中8个省份超过100%，严重影响了当地水资源的可持续利用，需要出台有针对性的电力部门节水政策，减少电力部门的水资源消耗量。

从不同省份的用水结构来看，农业仍然是主要的耗水量来源之一，大部分省份农业占当地耗水总量的比例超过了60%，其中新疆、黑龙江和甘肃的农业耗水占比最高，分别为92.89%、86.42%和83.41%。由于新疆的煤炭资源储量也十分丰富，约占中国预测煤炭总储量的40%以上，成为了近年来重要的煤电建设基地，并配合"西电东送"工程为其他省份供应电力。因此，新疆的水资源压力指标也要高于全国平均值，在未来的煤电基地建设过程中，需要密切关注其水资源压力的变化，避免对当地的生态环境和农业生产造成负面影响。在制定上述省份的电力行业转型策略时，应当统筹不同产业部门的水资源使用需求，避免出现水资源的恶性竞争，最终影响当地整体的水资源生态。

河北的水资源压力指标接近400%，并且省内钢铁等耗水量高的重工业也比较集中，面临着严峻的水资源管理问题，但仅有少数机组采用了空冷却技术来减少水资源消耗，严重阻碍了水资源可持续管理的推进。虽然有部分滨海电厂利用海水冷却避免淡水资源消耗，但这种方式对于地理条件的要求较高，无法成为不同地区电厂大规模采用的冷却技术。与之相比，空冷却技术的适用范围更广，但存在夏季散热效率降低、安装和运行维护费用较高等问题，也存在一定的推广难度。

4.6 电力部门水资源管理政策建议

燃煤电厂作为电力部门占据绝对地位的水耗来源，如何在考虑不同地区的水资源现状的前提下降低燃煤电厂耗水量，是制定电力部门水资源管理策略时的关键环节。海水冷却作为不消耗淡水资源的冷却类型，应当在规划燃煤电厂时尽可能选择滨海区域，充分利用当地自然条件。然而，考虑到我国煤炭资源和水资源在空间上的分布极为不均，大多数煤炭资源较为丰富的地区水资源却相对匮乏。比如新疆、山西和陕西等省份，按照水资源行星边界核算的电力部门用水上限都不算高，在一定程度上限制了当地煤电产业的发展。为了平衡水资源匮乏和煤电建设需求之间的矛盾，大力推广空冷却技术的应用成为可行的选项之一。相比于山西和陕西，新疆燃煤电厂采用空冷却机组的占比更低，仍然有很大的提升空间。另外，新疆的农业用水占比很高，达92.89%。如果继续大力推进新疆的煤电基地建设，而忽视了当地的水资源储量瓶颈，可能会造成当地农业发展和煤电建设之间的矛盾，不利于推进整体的可持续发展。因此，在制定电力部门水资源管理策略时，既要考虑当地的生态环境和水资源储量，也要综合评估燃煤电厂在产业结构中的占比，统筹所有水资源消耗部门的需求，避免出现不同产业部门间的矛盾冲突。

从电力转型对水资源影响的结果来看，淘汰电厂能够从根本上减少水资源消耗，在未来仍然是电力部门水资源消耗影响最大的转型措施，具有非常大的减排潜力。但是，目前执行的"上大压小"政策对燃煤电厂的水资源消耗影响不大，因为不同装机容量的电厂耗水强度较为接近，不同容量的机组间耗水强度差异明显小于汞排放因子。因此，燃煤电厂的水资源消耗量主要取决于燃煤电厂总量和各种类型冷却方式的占比。根据中电联发布的电力行业统计年鉴，中国火电厂的耗水强度在逐年下降，2010~2020年，火核直流式水冷却用水总量从450亿立方米上升到470亿立方米，增幅不足5%。但是，同期火电和核电的装机容量从7.21亿千瓦增长到12.30亿千瓦，涨幅高达70.60%。从这个角度来说，中国电力行业的规模增长速度大幅领先于水资源消耗量的增长速度，两者在增长路上已经脱钩。在未来的电力行业发展中，需要不断升级优化冷却技术，进一步压低中国电力部门的耗水强度。例如，通过在循环冷却水中加入酸和稳定剂，可以提高循环冷却系统的浓缩倍率，从而减少补水量和耗水量。此外，可以在燃煤电厂中构建污水循环利用体系，将排污水经过超滤—反渗透处理之后，得到中水可以继续参与循环冷却。

虽然燃煤电厂脱硫系统的水资源消耗量不高，但随着未来空冷却机组的占比逐步增大，脱硫系统耗水量仍然是燃煤电厂耗水量中不可忽视的一部分。在脱硫系统的各个耗水环节中，烟气带走的水蒸气占比超过 80%，其次是石膏中的水含量（11.7%）和废水排放（4.5%）。因此，减少烟气中带走的水蒸气是目前脱硫系统的主要节水措施。石灰石—石膏湿法脱硫系统是应用最为广泛的湿法烟气脱硫装置，其工作流程为烟气经过除尘装置后，由增压机或引风机送入吸收塔，与雾化喷淋逆流而下的石灰石浆液解除从而脱除二氧化硫，随后经过除雾器截留其中的液滴，最终从烟囱排放到空气中。在烟气与石灰石浆液的接触过程中，烟气的温度越高会导致石灰石浆液的气化效果越明显，从而增加烟气中的水蒸气含量。因此，在保证脱硫反应温度要求（42℃~58℃）的前提下，可以适当降低烟气进入吸收塔前的温度，从而减少脱硫系统耗水量。烟气换热器一方面可以降低烟气的入塔温度，另一方面还能加热净烟气，缓解设备的腐蚀问题，被认为是非常有效的脱硫系统节水措施。此外，将脱硫系统布置在烟道末尾，以及在烟气进入吸收塔之前采用喷水降温等措施，都可以减少脱硫系统耗水量。研究表明，烟气温度每降低一度，能够导致耗水强度降低 10 吨/小时左右，具有较为显著的节水效益。

此外，部分省份在水资源储量和煤电基地的建设方面存在矛盾，可能会加重当地的水资源负担。新疆作为我国重要的煤炭煤电煤化工基地，积极发展"疆电外送"工程，目前通过 4 条外送通道累计向外省输送电力超过 5000 亿千瓦时，其中新能源占比约为 1/4。近 10 年来，新疆外送电力规模扩大了 40 倍，2021 年达 1220 亿千瓦时，同比增长 16%。然而，新疆的水资源边界仅为 11334.82 吨，占全国水资源边界总量的 1.72%，但却承担了全国 4.86% 的火力发电量。此外，新疆本身农业和畜牧业需水量较高，耗水量占比超过 90%，进一步加大了电力部门的水资源压力。为了更好地促进新疆在水资源约束下的煤电建设可持续发展，需要从全国角度考虑生态环境影响的转移和补贴问题，加大对新疆包括水资源在内的生态环境保护力度，既要承担资源大省和煤电基地的责任，也要给予重点保护和全面发展的支持。结合前文所述汞减排健康效益等问题，在制定电力行业发展规划时，需要综合考虑不同地区的贡献和收益，不断完善和健全减排和节水责任分担机制，鼓励和引导东部发达地区对口帮扶西部偏远地区，开展跨区域的环境协同治理，推动各省区在电力转型和资源保护方面的协调发展。

4.7 本章小结

本章聚焦电力部门的水资源消耗，针对不同冷却类型的燃煤电厂编制了高分辨率的水资源消耗清单，同时结合电力转型措施量化分析了淘汰电厂、新增污染控制装置和新能源发展对电力部门水资源相关可持续发展目标的影响，并在此基础上利用水资源行星边界的分析框架评估不同地区水资源压力，为电力部门水资源管理决策提供了数据基础和理论依据。主要结论如下：

第一，2010 年中国燃煤电厂取水量和耗水量分别为 54366.69 吨和 3386.65 吨，分别占全国工业取水量和耗水量的 37.62% 和 9.50%，其中山东、河南和河北三个省份的电力部门水资源消耗量最大。发电量、冷却方式、机组容量等因素对电路部门耗水量的影响最大，未来可以从采用高效冷却机组、优化机组容量结构等方面制定相关节水措施，从而在推进电力转型的同时减少水资源消耗。结合不同地区的水资源特点，对于水资源较为丰富的地区可以优先采用直流式循环冷却降低耗水量，而水资源匮乏地区则要提高空冷却机组的应用比例。然而，由于空冷却机组的设备采购和运行维护成本更高，需要在燃煤电厂整体建设规划中综合考虑。

第二，从省份角度来看，山东、贵州和江苏对减少水资源消耗的贡献最大。虽然"十二五"期间新增烟气脱硫装置和新建光伏发电站导致水资源消耗量分别增加了 39.88 吨和 0.78 吨，但关停燃煤电厂共减少水资源消耗 268.63 吨，导致电力转型整体上带来了 27.97 吨的节水效益。上述结果表明，电力转型过程中发展可再生能源替代可以减轻电力部门造成的水资源压力，同时新增污染控制装置可能会在减少汞排放的同时增加水资源消耗量，需要在不同可持续发展目标间进行权衡。

第三，各地区电力部门耗水对整体水资源压力指标主要取决于当地水资源储量、用水结构等因素，且不同地区间的电力部门耗水和水资源储量存在严重的错位关系，广西、云南和四川等省份拥有最丰富的水资源储量，但燃煤电厂装机容量相对较少，同时宁夏、河北、河南等省份的电力部门用水严重超出了其水资源行星边界。在制定电力转型策略时，需要结合当地水资源情况因地制宜地制定节水措施，有序推进水资源税改革试点、循环用水体系建设等重点工作。

第5章 电力行业的就业格局变化及影响路径分析

5.1 引言

电力部门清洁低碳转型不仅会影响污染物排放和资源消耗，同时也会导致就业格局的剧烈变化[21]。2018年，电力、热力生产和供应业共提供了280多万个就业岗位[24]，其中约1/4来自燃煤发电部门。随着电力转型政策的不断推进，燃煤电厂在电力结构中的占比也逐年降低，大量淘汰的燃煤机组可能会引发电力行业的失业潮，需要妥善应对下岗职工的安置和再就业问题[97,98]。相比之下，包括风电和光伏在内的可再生能源近年来增长迅速，在提供清洁电力的同时创造了大量新的就业机会[26]，能够填补燃煤电厂退出造成的就业市场缺口[27]。

此外，由于电力部门与上游原材料开采、设备制造等行业紧密关联，电力转型也会影响供应链上游部门的就业结构。例如，煤炭开采和洗选行业属于劳动密集型行业，提供了超过300万个就业岗位，而燃煤电厂消耗了全国一半的煤炭。

如果未来燃煤电厂大量退役，势必会导致煤炭开采行业失去大量的就业岗位。同时，电力转型也会导致设备制造业就业格局的重新分配，一方面，锅炉、汽轮机生产厂家的需求萎缩；另一方面，风机叶片、太阳能光伏组件等行业蓬勃发展。因此，从宏观角度量化分析电力转型对整体就业市场的影响，有利于准确把握直接就业和间接就业的动态变化，从而提前预测可能出现的失业风险和就业机会，保障中国电力转型的平稳过渡。

现有文献主要关注可再生部门的"绿色就业"，缺乏从社会经济宏观视角探究整体就业影响的研究，无法准确评估中国电力转型对上下游产业就业结构的综合影响，因此，本章主要聚焦电力转型导致的就业结构变化，综合运用投入产出（Input-Output，IO）分析法和结构路径（Structural Path Analysis，SPA）分析法，旨在评估 2012~2017 年中国电力转型对就业的直接影响和间接影响。相关研究结果能够全面揭示能源转型对上下游产业部门就业的影响，从而防止电力行业失业引发潜在社会冲突和转型障碍，实现电力清洁低碳转型在社会经济影响方面的平稳过渡，促进电力行业上下游产业的公正转型，为提前规划电力相关的产业布局提供政策建议。

5.2　投入产出方法与结构路径分析

5.2.1　电力部门的直接就业

直接就业是指参与发电企业生产的运行维护和管理服务人员，燃煤电厂、核电和水电的直接就业数据来自相关统计年鉴和就业报告，包括风电和光伏在内的新能源发电部门直接就业人数，可以通过装机容量和相应的就业强度（单位装机容量的就业人数）计算得到，具体计算方式如下：

$$J_i = EI_i \times C_i \tag{5-1}$$

其中，J_i 表示发电部门 i 的直接就业；EI_i（单位：个/万千瓦）表示发电部门 i 的就业强度；C_i（单位：万千瓦）表示发电部门 i 的装机容量。

5.2.2 投入产出分析

环境投入产出分析通常使用不同的环境指标（如污染物排放、土地和水资源）来评估最终需求的直接和供应链效应[103,111,123]。在这项研究中，我们计算了直接就业和电力行业上游供应链的就业，这是一个类似于隐含排放的概念[124]，它是由电力部门的输出驱动的。系统投入产出理论的分析框架如图 5-1 所示。

投入 \ 产出		中间使用				最终使用				总产出
		部门1	部门2	···	部门m	使用种类1	使用种类2	···	使用种类t	
中间投入	部门1									
	部门2		z_{ij}				f_{ij}			x_i
	···									
	部门m									

图 5-1 国家尺度投入产出表分析框架

根据投入产出表的基本平衡关系，部门 i 的总经济产出等于部门内中间使用和最终消费的所有经济流之和，具体可表示为：

$$x_i = \sum_{j=1}^{m} z_{ij} + \sum_{j=1}^{t} f_{ij} \tag{5-2}$$

在此基础上，本章引入直接消耗系数 a_{ij} 和直接消耗系数矩阵 A，其具体表述如下所示：

$$a_{ij} = \frac{z_{ij}}{x_j} \tag{5-3}$$

即 a_{ij} 是中间投入 z_{ij} 和最终产出 x_j 的比值，而直接消耗系数矩阵是由 a_{ij} 组成的矩阵，具体表示如下：

$$A = \left\{ \begin{matrix} a_{11} & \cdots & a_{1m} \\ \vdots & \ddots & \vdots \\ a_{m1} & \cdots & a_{mm} \end{matrix} \right\} \tag{5-4}$$

结合上述公式，可以将投入产出表总产出矩阵表示为：

$$X = (I-A)^{-1}F \tag{5-5}$$

其中，X 表示总产出 x_i 组成的矩阵；I 表示 m 行 m 列的单位矩阵；F 表示 f_{ij} 组成的最终需求矩阵。

此外，引入就业系数 e_i，表示部门 i 的单位总产出对应的直接就业，DE_i 表示部门 i 的直接就业人数，e_i 计算方式如下：

$$e_i = \frac{DE_i}{x_i} \tag{5-6}$$

上游供应链中的间接就业包括原料开采、设备制造、运输安装等环节的就业，可以根据从其他部门流动到电力部门的中间投入来具体核算，中间投入拉动的间接就业计算公式如下：

$$ME = E \times (I-A)^{-1} \times X \tag{5-7}$$

其中，ME（单位：个）表示由电力部门的中间投入（不包括部门内的流动）驱动的间接就业向量；E（单位：个/元）表示所有部门的就业系数 e_i 组成的向量，其计算方法是每个部门的直接就业人数除以该部门的总产出；$(I-A)^{-1}$ 表示 Leontief 逆矩阵（L），其中 A 是直接消耗系数矩阵；X（单位：元）表示投入产出表的总产出向量。

5.2.3 结构路径分析

结构路径分析通过部门间流动分析生产网络，可以揭示电力部门驱动间接就业的关键路径，探究不同部门间的内在联系[18]。根据泰勒级数逼近的方法，Leontief 逆矩阵可展开为：

$$(I-A)^{-1} = I + A + A^2 + \cdots + A^n \tag{5-8}$$

因此，式（5-8）可以表示为：

$$ME = e \times (I-A)^{-1} \times X = eIX + eAX + eA^2X + \cdots + eA^nX \tag{5-9}$$

其中，eA^nX 表示与第 n 级生产层（PL^n）相关联的就业，并且 PL^n 表示相应的就业涉及第 n 层的产业部门[125,126]。从部门 i 到部门 j 的第一级生产层（PL^1）由 $e_iA_{ij}X_j$ 表示，如从煤炭开采和洗选业到燃煤电厂的具体就业要素流动。从部门 i 经由部门 k 到部门 j 的第二级生产层（PL^2）由 $e_iA_{ik}A_{kj}X_j$ 表示，其他生产阶层的传递路径以此类推。

5.2.4　数据来源

2012 年和 2017 年的投入产出表均来源于中国国家统计局，并且上述 IO 表已经被转换为 2012 年的不变价格。此外，投入产出表中的电力部门已被拆分为输配电、燃煤发电、天然气发电、水电、核电、风电和太阳能 7 个部门[18]，且本章中电力部门的直接就业仅为电力生产企业的运行维护和管理人员，不包括输配电相关就业。2012 年和 2017 年各行业就业总量数据来源于《中国人口与就业统计年鉴》[24]。6 类发电行业的就业强度来源于以往文献数据和相关报告中各行业的就业强度[23,25]，数据详情如表 5-1 所示。

表 5-1　2012 年和 2017 年不同电力部门的就业强度[23,25]

单位：个/万千瓦

发电部门	2012 年	2017 年
火力发电	10.1	6.2
水力发电	9.7	7.5

续表

发电部门	2012 年	2017 年
核电	6.1	6.1
风力发电	10.0	8.0
太阳能发电	15.0	12.0

5.2.5　不确定性和局限性

在计算电力部门的直接就业人数时，根据国际可再生能源机构总结的经合组织国家的平均就业强度，假设太阳能发电的就业强度是风力发电的 1.5 倍，然而，中国太阳能与风能的就业强度之比与经济合作与发展组织国家并不完全相同，导致估算结果可能存在一定程度的偏差。此外，投入产出表中电力部门的分解是根据各发电部门的全国产出权重得出的，该方法仅考虑了煤炭开采、水的生产和供应、天然气的生产和供应、石油勘探、油气勘探 5 个上游部门的特殊性。因此，发电部门的分解可能不完全符合实际情况，这也会导致一定程度的不确定性[18]。

5.3　电力部门直接就业变化

如图 5-2 所示，中国电力部门的总就业人数从 2012 年的 113 万增加到 2017 年的 125 万。尽管关停了大量的小型燃煤机组导致减少了 15.55 万个工作岗位，但太阳能和风能开发带来的新工作岗位大大超过了失去的工作岗位，这导致电力部门整体净增加了 12 万个工作岗位。对于燃煤电厂来说，由于退役小型燃煤机组的平均就业强度要远高于新建的大型燃煤电厂，因此燃煤电厂可以在保持装机容量不断增加的同时，其提供的直接就业岗位却在减少。同时，风力发电和光伏发电在此期间快速发展，装机容量从 6483 万千瓦增长到 2926.7 万千瓦，带来了超过 20 万个新增就业岗位，占 2012~2017 年电力行业新增就业岗位的 79.06%。

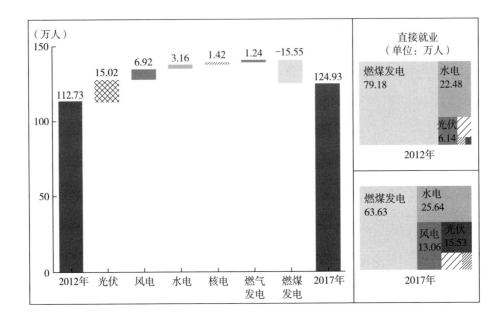

图 5-2　2012~2017 年电力行业直接就业变化情况

此外，光伏发电（15 个/万千瓦）的就业强度要高于风力发电（10 个/万千瓦），导致与前者相关的新增就业人数是后者的两倍多，分别为 15.02 万人和 6.92 万人。作为电力行业第二大就业部门，水力发电提供了超过 25 万个直接就业岗位，对直接就业岗位的贡献仅次于燃煤电厂。2012~2017 年，水力发电的总装机容量增加了 11061 万千瓦，同时提供了 3.16 万个新增就业岗位。与其他可再生能源相比，核电站发电机组的单机容量大多都在 60 万千瓦以上，并且一个核电厂会装备多台机组，从而利用不同机组的共同维护和管理来降低就业强度，使核电站的就业强度仅为 6.1 个/万千瓦。由于近年来中国的核电政策较为谨慎，

2012~2017 年只有 2325 万千瓦的新建核电站投入运行，导致其对直接就业的贡献相对较小。

5.4　电力转型对上游部门的间接就业影响

如图 5-3 所示，2012 年和 2017 年，与电力部门相关的直接就业和间接就业共减少 127 万个，其中上游部门的间接就业岗位减少了 140 万个。此外，上游供应链间接就业岗位的减少量是电力部门直接就业岗位增加量的 10 倍，表明电力转型对上游部门间接就业的影响更为显著。2012 年，与电力部门相关的上游部门间接就业岗位为 317 万个，其中燃煤电厂拉动的间接就业超过 1/3 集中在煤炭开采和洗选业。在燃煤电厂改造措施中，仅关停小型燃煤机组就导致上游部门的间接岗位就业减少 63 万个，而其余的燃煤电厂改造措施不影响就业结构。除煤矿开采外，金融、交通运输、电气机械及器材制造业的间接新增就业是与电力行业转型最相关的行业。作为资金密集型行业，大型发电站通常需要借助投融资等金融服务推进电站建设进度，同时拉动其他相关行业的基础建设投资，进一步刺激金融行业的发展。研究结果表明，随着国家逐步放缓和限制燃煤电厂的建设，与电力部门相关的金融行业间接就业人数在此期间减少了 9.89 万，其中将近 90%是由燃煤电厂引起的。

虽然与煤电相关的金融行业间接就业人数减少了 8.76 万，但光伏和风电引起的金融行业间接就业人数却逆势增长，从 2012 年的 1.34 万增长到 2017 年的 2.45 万，增长幅度超过 80%。此外，与水电和核电相关的金融业间接就业人数分别减少了 1.91 万和 0.48 万，而天然气发电使金融业间接就业略微增加。除了煤炭开采行业和金融业，燃煤发电在交通运输、石油天然气开采和仪器仪表行业带动的间接就业人数也呈现出下降趋势，减少量分别为4.91万、4.15万和3.78万，化学产品、金属冶炼和加工、科学技术服务等行业受到的冲击则紧随其后。值得注意的是，科学研究和技术服务业不属于劳动密集型行业，与电力部门相关的间接就业人数也不多（2.41万），但2012~2017年减少的间接就业人数（3.36万）在所有行业中排名第七，其中约80.65%是由燃煤电厂引起的。造成上述结果的原因主要是燃煤电厂建设的缓建和停建导致工程设计、装备维护等方面的需求减少，从而带来了间接就业的损失。

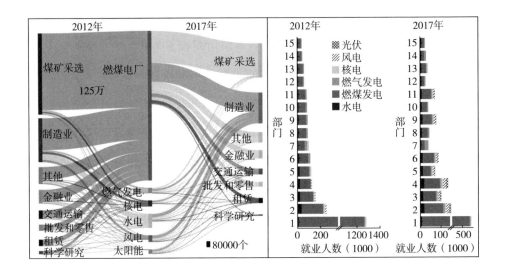

图5-3 电力行业在产业链中带动的间接就业

注：1. 煤炭开采和洗选业；2. 财政；3. 交通运输；4. 电气机械及器材制造业；5. 仪器仪表；6. 批发和零售；7. 石油和天然气开采；8. 化工产品；9. 通信设备、计算机及其他电子设备；10. 金属冶炼及轧制品；11. 租赁和商业服务；12. 科学研究和技术服务；13. 水利、环境和公共设施管理业；14. 通用机械；15. 住宿和餐饮。

与其他发电部门相比，以光伏和风电为代表的新能源对间接就业的影响较小，在2012年仅带动了9万人的间接就业，但得益于新能源产业的快速发展，与新能源相关的间接就业在2017年迅速扩张到19万人，增长幅度超过200%。

在此期间，光伏相关间接就业人数（7.05 万）是风电相关间接就业人数（3.01万）的两倍多，主要原因是光伏的装机容量增长更快。对于整体的间接就业来说，新能源对间接就业的贡献从 2012 年的 3.98% 上升到 2017 年的 12.98%，其中光伏对整体间接就业的拉动效应更是从不足 1% 上升到 4.37%。

在新能源快速扩张阶段，相关间接就业人数增加最多的领域是电气设备制造（1.74 万）、金融业（1.09 万）、电子设备制造（0.89 万）和交通运输行业（0.87 万），但仍然无法弥补上述领域在煤电减少间接就业方面的损失。对于电气设备、电力设备仪器仪表制造领域，新能源的快速增长带来了 3.20 万的间接就业人数，而燃煤电厂则导致上述三个行业的间接就业岗位减少 6.13 万个，弥补了超过一半的间接就业岗位损失。然而，由于新能源电站和燃煤电厂对设备的需求差异较大，新增就业和减少就业存在一定程度的不匹配问题，不能因为燃煤电厂造成的就业损失可以被新能源发展所弥补就忽视其失业风险。

虽然与水力发电相关的直接就业人数在此期间略有增加（3.16 万），但由水力发电引起的间接就业人数从 2012 年的 42 万降低到 2017 年的 31 万，间接就业减少的主要领域是金融业（1.91 万）、仪器仪表制造业（1.09 万）和交通运输业（8.53 万）。由于水电站运行期间不需要额外购买化石燃料，因此建成的水电站对间接就业的拉动效应较小，而上述三个部门都与新建水电站的需求密切相关，说明水电站的建设规模在此期间略有放缓。

从部门分类来看，电力转型造成的间接就业影响主要集中在采矿业和制造业，这两个部门分别损失了 82 万和 23 万由电力部门拉动的间接就业岗位，如图5-4 所示。采矿业包括煤炭采选、石油天然气开采、金属采选和非金属采选四个行业，而制造业则涵盖了电气电子设备、交通运输设备、专用和通用设备、仪器仪表、金属和非金属制品等 19 个行业。制造业作为劳动密集型企业的典型行业，提供了全国超过 1/4 的就业岗位，能否保障制造业的稳定就业会严重影响到全国的就业市场。在研究期间，对制造业影响最大的是燃煤发电和水力发电，分别导致制造业损失间接就业岗位 23. 15 万个和 4. 08 万个，而光伏和风电则分别带来了 3. 22 万个和 3. 83 万个的间接就业岗位增量。虽然新能源产业的发展带来了超过 10 万元的间接就业效益，但几乎所有行业的间接就业在 2012～2017 年都有所减少，在制造业中仅有电气机械和器材制造业增加了 1. 14 万个间接就业岗位。因此，电力转型会对电力行业直接就业岗位和上游产业间接就业岗位产生显著影响，可能存在一定的失业风险，在制定电力转型策略时需要谨慎考虑其附加效应，综合评估电力转型对上下游产业链的就业影响。

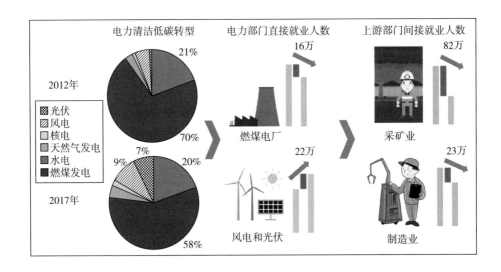

图 5-4　电力转型的直接就业和间接就业影响

5.5　电力转型对间接就业影响的结构路径分析

与 2017 年的关键路径相比，2012 年电力部门带动就业的路径沿着供应链向更深层次展开，最大的就业路径从 2012 年的 PL^1（32.55%）转移到 2017 年的 PL^0（34.96%）。从生产层级的角度来看，电力部门带动的就业机会主要集中在前三个 PL（$PL^0 \sim PL^2$），2012 年和 2017 年分别占总间接就业岗位的 72.34% 和 78.51%。表 5-2 展示了 2012 年和 2017 年排名前十的影响路径，分别占总体间接就业岗位的 52.30% 和 53.51%。研究结果表明，虽然燃煤电厂在此期间拉动的就业岗位总量在减少，但仍然在所有发电部门中对就业的影响最大。2017 年前十的影响路径中，与燃煤电厂相关的就业岗位总量为 48.06 万个，占间接就业岗位总量的 13.47%。煤矿开采→燃煤电厂是 2012 年影响就业结构最关键的路径（85.65 万个，17.71%），而 2017 年最大的间接就业驱动路径体现在燃煤电厂的直接影响上（63.63 万个，17.83%），其次是煤矿开采→燃煤电厂（38.14 万个，10.69%）和水力发电（25.64 万个，7.19%）。

表 5-2　结构路径分析的主要结果

年份	排序	PL	间接就业（10^4 个）	贡献（%）	路径
2012	1	1	85.65	17.71	煤矿开采→燃煤电厂
	2	0	79.18	16.37	燃煤电厂
	3	0	22.48	4.65	水电
	4	2	13.68	2.83	煤矿开采→燃煤电厂→燃煤电厂
	5	1	11.71	2.42	水电→水电
	6	2	10.30	2.13	煤矿开采→燃煤电厂→燃煤电厂
	7	1	9.53	1.97	燃煤电厂→燃煤电厂
	8	1	8.16	1.69	金融→燃煤电厂
	9	0	6.14	1.27	风电
	10	2	6.10	1.26	水电→水电→水电

续表

年份	排序	PL	间接就业（10^4 个）	贡献（%）	路径
2017	1	0	63.63	17.83	燃煤电厂
	2	1	38.14	10.69	煤矿开采→燃煤电厂
	3	0	25.64	7.19	水电
	4	0	15.53	4.35	光伏
	5	0	13.06	3.66	风电
	6	1	8.40	2.35	太阳能→太阳能
	7	1	7.06	1.98	水电→水电
	8	1	6.92	1.94	风电→风电
	9	1	6.61	1.85	燃煤电厂→燃煤电厂
	10	2	5.96	1.67	煤矿开采→煤矿开采→燃煤电厂

此外，2012~2017 年，煤矿开采→燃煤电厂路径驱动的间接就业从 17.71% 下降到 10.69%，与燃煤电厂相关的影响路径占比也从 42.69% 下降到 32.05%。然而，在此期间燃煤电厂的煤炭消耗量仍然在逐年上升，导致煤矿间接就业降低的主要原因是机械化技术在煤矿开采中的应用，从而使煤矿工人的工作效率（每人每年的产量）增加了 20% 以上，在煤矿开采行业中大幅减少了人工岗位的需求。此外，金融→燃煤电厂驱动的间接就业岗位从 2012 年的 8.16 万个减少到 2017 年的 4.12 万个，进一步揭示了电力转型对燃煤电厂相关间接就业的影响路径。

相反，因为风力发电和太阳能发电的总容量不到燃煤电厂的 5%，可再生能源并不是 2012 年间接就业的主要驱动力。但随着电力转型的不断推进，2017 年风电和太阳能的装机容量在电力部门中占比上升至 11.43%，导致 2012~2017 年主要的间接就业驱动力从燃煤电厂转向可再生能源，尤其是风电和太阳能。在前十大路径中，由太阳能和风能驱动的路径增长较快，相关的就业岗位增加了 7 倍以上，达 44 万个，占间接就业总量的 12.31%。此外，水电在前十条关键路径中的份额仅次于燃煤电厂，从 2012 年的 5.91% 增长到 2017 年的 9.17%。

5.6　电力转型的就业风险和应对策略

随着电力清洁低碳转型的持续推进，未来中国大量燃煤电厂将逐步退役，同时伴随煤电厂直接就业和上游煤炭开采、设备生产等部门间接就业的减少。根据情景预测结果显示，2050 年电力部门将只保留少量燃煤电厂作为调峰调频的备用机组，也就意味着超过 10 亿千瓦的燃煤电厂都会在未来大量退役，即使只考虑燃煤电厂的直接就业影响，电力部门也会损失超过 60 万的就业岗位。此外，如果大量燃煤电厂在短时间内被集中淘汰，部分煤电依赖程度较重的城市可能会出现大规模的失业风险。例如，山东省济宁市的燃煤电厂总装机容量达 1.02 亿千瓦，提供了超过 1 万个直接就业岗位，如果全部淘汰会造成就业市场的剧烈波动。因此，在制订电力清洁低碳转型策略时，应当充分考虑不同地区的机组容量和产业结构，制订科学合理的燃煤电厂退役计划，同时制定妥善的职工安置方案。

在考虑促进燃煤电厂下岗职工再就业的时候，可以优先考虑通过技能培训将失业人员安置到具有类似装置的其他可再生能源电厂。例如，太阳能热发电站也具有汽轮机和发电机等装置，而发电厂的运行管理和电力调度也都具有一定的共通性，可以通过特定的培训让燃煤电厂下岗职工在短时间内熟悉可再生能源电厂的操作和运行规范，从而促进电力行业的公正转型。此外，还有部分大型的发电集团在同时发展燃煤电厂和可再生能源电厂，比如国家能源投资集团拥有全国最大的燃煤电厂装机容量（1.85 亿千瓦）和风力发电装机容量（0.41 亿千瓦），该公司在电力转型过程中可以实现下岗员工的内部再就业，减少电力转型对外部就业市场的冲击。对于短期内无法实现再就业的下岗职工，政府也可以通过设立专项安置基金，通过直接的货币补偿来帮助下岗工人实现平稳过渡，从而保障电力行业的公正转型。按照一名失业工业补贴 10 个月工资来计算，在中政策情景下需要的货币补偿总额可能超过 500 亿元，这些需要在制定电力转型政策时提前考虑并妥善安排。

研究结果表明，电力清洁低碳转型不仅对电力行业产生直接的就业影响，也会严重影响产业链上游煤炭开采、电气机械及器材、金融、仪器仪表制造等行业的间接就业。燃煤电厂消费了全国一半以上的煤炭，并且这个比例还在逐年提高，如果没有其他新兴产业来填补淘汰燃煤电厂而减少的燃煤消耗量，煤炭开采业将会减少 100 万个工作岗位。虽然可再生能源的快速发展带来了大量的新增就业岗位，但从事煤矿开采的工人大多属于低技术人员，无法适应电力转型中新兴就业的岗位要求，未来仍然面临着严峻的失业风险。因此，大力推动煤炭的清洁高效利用，能够在燃煤电厂淘汰后仍然保留煤炭消费市场，避免造成煤矿工人的大规模失业。近年来，中国的煤化工产业快速发展，在产业规模和技术创新方面取得了一系列重大突破，煤制油产量从 2015 年的 1.32 吨增加到 2019 年的 7.46 吨[127-129]。因此，大力推动气化和煤液化技术的发展，增大对煤化工相关产业的扶持力度，有望在电力转型中提供新的就业机会，同时避免煤矿工人大规模的失业潮。

碳捕获、利用和储存（Carbon Capture Utilization and Storage，CCUS）技术也被认为是推动煤炭清洁低碳利用的重要方式[130-132]，未来该项技术的成熟应用不仅可以避免燃煤电厂的就业损失，还能够在碳捕获、利用和储存技术相关的设备制造、运行维护等领域拉动新的就业机会。然而，目前碳捕获、利用和储存技术高昂的制造和运行成本仍然是阻碍其大规模商业应用的主要因素[132]，未来技术的发展趋势需要进一步展开详细的评估。此外，未来碳税政策的强制要求也能在一定程度上增加碳捕获、利用和储存技术的额外收入，加快其大规模商业化应用的进度。在此基础上，二氧化碳的工业利用价值也有待进一步开发研究，从而完善整个碳捕获、利用和储存技术相关的产业链，构建完善的二氧化碳收集和利用技术体系。如果未来一半的燃煤电厂能够应用碳捕获、利用和储存技术，将保留超过 20 万个燃煤电厂直接就业岗位，并创造大量新的间接就业机会。

电气设备制造作为与电力部门密切关联的行业，在电力转型中也会受到显著的间接就业影响。由于燃煤电厂的大量关停，未来电力部门对锅炉、汽轮机等设备的需求量将大幅下跌，而风机叶片、齿轮箱、光伏组件和逆变器等可再生能源相关设备存在巨大的增长潜力。因此，发电部门上游设备制造企业也面临着转型风险，需要及时调整生产线和产品目录，以便适应电力市场需求的剧烈变化。例如，上海电气是我国火电行业设备制造领域的重要企业，在电力清洁低碳转型的压力下，近年来，逐步拓展了太阳能、风能和储能等领域的生产能力，积极推动企业生产的转型升级，从而带动了电力部门相关间接就业的格局变化。为了跟上电力清洁低碳转型的脚步，上下游相关部门都要根据转型需求合理规划和及时调整未来发展方向，以期实现电力转型过程中全产业链的平稳过渡。

由于新能源发电的不稳定性和不连续性，电力转型中新能源的快速发展将对电网的稳定和安全构成重大挑战，但同时在调峰调频领域也存在新增就业的潜在机遇。为了应对电网波动的问题，保障电力供应的时刻平衡，需要建设抽水蓄能、储能电站等专门针对调峰调频的备用点源[133-135]，从而也能增加电力部门相关的直接就业和间接就业。目前，抽水蓄能以其优异的调峰性能和较为廉价的成本得到了广泛的应用[136,137]，截至 2020 年全国抽水蓄能电站的装机容量就已达 4000 万千瓦，同时提供了 4 万个直接就业岗位。预计到 2050 年，抽水蓄能电站将提供超过 10 万个就业岗位。此外，储能电站也被作为非常具有发展前景的调峰调频方式，其既可以在发电侧与新能源电站协同工作，也可以单独布置在用户侧，甚至未来电动汽车也能够参与调峰工作，实现调峰调频的分布式工作模式。2018 年，中国生产的储能电池总量已经达 102 万千瓦，并且锂电池占据了超过 2/3

的市场份额，未来储能电站的大规模应用将在电池生产、锂矿开采、安装服务等领域拉动大量的直接就业和间接就业，成长为新兴的电力部门相关就业市场。

5.7 本章小结

本章评估了电力转型对就业的直接影响和对供应链的影响，并对就业之间的结构性路径进行了定量分析，发现电力转型不仅会重塑电力部门的就业格局，也会显著影响上游产业部门的间接就业，主要结论如下：

第一，中国电力行业带动的总体就业岗位减少 115 万个，其中直接就业增加 12 万个，而间接就业减少 127 万个。上游间接就业岗位从 484 万个减少到 357 万个，损失最大的是煤炭开采和洗选业（73.64 万个），其次是金融业（9.89 万个）、运输业（5.04 万个）和仪器仪表（4.46 万个）。

第二，可再生能源逐渐成为电力转型中就业增长的主要驱动力，2012～2017 年，由可再生能源拉动的相关就业岗位增长了 4 倍以上。结构路径分析结果表明，水电、风电和光伏在主要影响路径中的占比均显著上升，新能源对间接就业的贡献从 2012 年的 3.98% 上升到 2017 年的 12.98%。

第三，燃煤电厂相关的就业岗位在电力转型中受到的冲击最大，随着电力转型的进一步推进，与燃煤电厂密切相关的原材料供给、设备加工制造和科学技术服务等行业的就业岗位也会减少，如果不能妥善安置相关就业人员，可能会出现失业潮等风险，需要从政策保障、技术创新、就业培训等方面应对失业风险。

第6章 电力转型对可持续发展目标进程的影响评估

6.1 引言

《2030 年可持续发展议程》提出了覆盖环境-资源-社会的 17 个主要可持续发展目标,《2018 年可持续发展目标指数报告》进一步将其细化为 111 个可持续发展目标指数,并量化评估了 156 个国家和地区的可持续发展现状。中国一直致力于推动可持续发展进程,并将电力清洁低碳转型作为落实联合国可持续发展议程的重要举措,使得近年来电力部门发生了巨大变革。然而,电力系统从上游采购原材料和机械设备,同时源源不断地供应电力保障社会经济活动,在此过程中与环境-资源-社会多个系统存在着密切关联。因此,电力清洁低碳转型不仅会改变能源供应,也会对环境排放、资源消耗、居民健康和就业结构等可持续发展目标产生积极或负面的影响。例如,关停污染严重的小型燃煤机组能够减少碳排放和水资源消耗,能够促进可持续发展目标 6(清洁饮水和卫生设施)和可持续发展目标 12（负责任的消费和生产）的实现，但同时也会导致电力部门及其相关上游产业就业岗位的减少，从而阻碍可持续发展目标 8（体面就业与经济增长）的顺利实现。

现有研究主要从国家尺度出发，探究不同国家和地区的可持续发展进程，并通过各类具体指标的排序确定最终的可持续发展指标分数，对于电力转型这种单一政策的作用缺乏量化分析，无法准确评估不同电力转型政策对可持续发展指标的影响。本章内容基于前文大气汞排放、水资源消耗、健康效益和就业影响的计算结果，并利用规范化的打分机制将其统一为可比较的无量纲分数，从而直接量化分析电力转型对四种可持续发展目标的正面或负面效应。此外，本章设置了基准情景、中等情景和严格情景三种电力转型情景，预测 2030 年和 2050 年的电力系统能源供应格局，并在此基础上评估未来电力清洁低碳转型对整体可持续发展目标的影响。相关研究结果为整体评估中国电力清洁低碳转型对可持续发展目标的影响提供了分析框架，同时为顺利实现可持续发展议程中的各项指标提出了政策建议和转型路径。

6.2　可持续发展目标评价方法与未来情景设置

6.2.1　指标选择与数据边界

本节基于联合国《2018 年可持续发展目标指数报告》中的可持续发展目标指标[28]，选取了四个和电力转型密切相关的可持续发展目标指标来评估电力转型对可持续发展的影响，分别为可持续发展目标 3.6（每 10 万人中死于心脏病、癌症、糖尿病和慢性呼吸系统疾病人数）、可持续发展目标 6.5（取水量占总体可再生水资源量比例)、可持续发展目标 7.4 (可再生能源在能源消费总量中的占比) 和可持续发展目标 8.4 (失业率)。此外,由于现有可持续发展目标指标体系中并未涉及汞排放,仅以人均二氧化硫等污染物排放指标评估可持续生产 (可持续发展目标 12) 进程。本节根据世界各国家和地区的汞排放现状,引入了以人均汞排放为依据的 (可持续发展目标 12.9) 指标,量化电力转型对中国在汞排放方面的可持续发展影响。可持续发展目标指标评分需要先确定其最好值和最坏值,然后按照不同地区的现值排位确定分数,本节中可持续发展目标 3.6、可持续发展目标 6.5、可持续发展目标 7.4 和可持续发展目标 8.4 均采用联合国报告中的最好值 (上限) 和最差值 (下限),对于新引入的可持续发展目标 12.9,则根据全球 216 个国家和地区的人均汞排放,将人均汞排放最少的 5 个国家取平均数作为上限,同时将排名在后 2.5% 位置的国家人均汞排放作为下限[29],具体数据如表 6-1 所示。

表 6-1 可持续发展目标的上限和下限[28,35]

可持续发展目标	上限	下限
SDG 3.6	9.30	31.00
SDG 6.5	12.50%	100.00%
SDG 7.4	77.00%	2.70%
SDG 8.4	0.50%	25.90%
SDG 12.9	0.003	3.820

6.2.2 可持续发展目标评分机制

为了更直观地比较不同系统和单位的可持续发展目标影响,需要根据其在全球各个国家和地区的排名进行归一化打分,得到能够直接加总和比较的无量纲分数,从而评估电力转型对整体可持续发展进程的影响。本节将 5 个可持续发展目标指标的上限和下限分别定义为 0 分和 100 分,50 分则代表该项可持续发展目标指标在全球处于中等水平，具体计算方式如下：

$$S^n = \frac{S - \text{Min}(S)}{\text{Max}(S) - \text{Min}(S)} \tag{6-1}$$

其中，S^n 表示标准化后的可持续发展目标指标分数；S 表示可持续发展目标指标的现值水平；$\text{Min}(S)$ 表示该项指标下限；$\text{Max}(S)$ 表示指标上限。

因此，中国电力清洁低碳转型对可持续发展进程的影响可以用可持续发展目标指标分数的变化来表示，具体计算方式如下：

$$\Delta S^n = \frac{\Delta S}{\text{Max}(S) - \text{Min}(S)} \tag{6-2}$$

其中，ΔS^n 表示可持续发展目标分数的变化；ΔS 表示可持续发展目标指标的变化。

6.2.3 未来情景预测

本节设置了三种情景来分析电力部门未来的各项可持续发展目标指标变化情况，即基准情景（在当前政策下）、中政策情景和强政策情景。基准情景假设中国维持目前的电力转型政策，2050 年燃煤电厂在电力部门总容量中的比例将保持在 20% 左右。为保证优先消纳可再生能源发电，中政策情景假设 2030 年后禁止新建燃煤电厂，且在此期间燃煤电厂的年均发电小时数逐步减少。强政策情景假设 2025 年后禁止新建燃煤电厂，剩余的少量燃煤电厂全部作为调峰调频备用机组，并且优先保障风电和光伏等可再生能源电力的并网消纳。

6.3 电力转型对可持续发展目标的影响

如图 6-1 所示，在 5 项可持续发展目标评分中，中国可持续发展目标 12.9

（人均汞排放）的评分约为 90 分，远低于人均 3.82 克的人均汞排放上限，但仍然和部分发达国家存在显著差距，比如法国的人均汞排放仅为人均 0.06 克。得益于电力清洁低碳转型策略，中国人均汞排放在 2011～2015 年下降了人均 0.02 克，导致可持续发展目标 12.9 的评分升高 0.44 分，有效改善了中国的汞污染现状。此外，中国在可持续发展目标 6.5 和可持续发展目标 8.4 的评分也相对较高，分别为 80.11 分和 83.46 分。中国作为人均水资源占有量较低的国家，十分重视水资源节约管理，目前取水量约占水资源总量的 30% 左右，而电力转型的节水效应则进一步导致取水量占比降低了 2.70%，并拉动可持续发展目标 6.5 的评分在此期间上升 3.09%。相比于可持续发展目标 6.5 的上限值（12.50%），中国的淡水资源压力仍然较大（29.90%），需要进一步减少水资源使用量，缓解水资源压力。然而，仅有可持续发展目标 8.4 在电力转型过程中下降了 0.63 分，主要原因是电力转型过程中燃煤电厂及其相关产业的直接就业和间接就业岗位大幅减少，最终导致失业率上升 0.16%。因此，需要针对电力转型的就业影响制定相关的应对策略，保障基础民生指标健康发展。

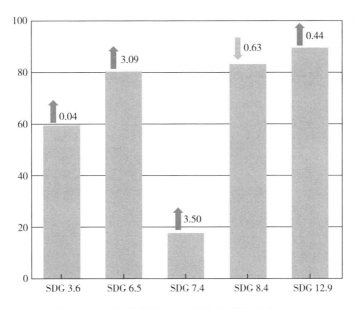

图 6-1　可持续发展 SDGs 指标评分及变化情况

2011~2015 年电力转型措施减少汞排放 23.51 吨，同时避免了 114 例心脏病发作死亡，有效减少了燃煤电厂汞污染造成的健康威胁。然而，中国每年死于心脏病、癌症、糖尿病和慢性呼吸系统疾病的总人数约为 25.34 万，因此电力转型对可持续发展目标 3.6 的影响相对较小，仅导致该项分数上升 0.04 分。此外，中国的人均医疗资源和发达国家仍然有较大差距，平均每 10 万人中有 18.1 人死于上述疾病，与每 10 万人 9.3 人死亡的上限距离很远，电力部门的单独影响无法从根本上改变这一现状。由于煤电在中国电力部门中长期占据主导地位，导致反映可再生能源消费占比的可持续发展目标 7.4 是 5 项指标中评分最低的，目前的评分仅为 17.77 分。在"十二五"期间，中国可再生能源消费比重提高了 2.60%，同时导致可持续发展目标 7.4 的评分提高 3.5 分，显著提升了可再生能源供应能力。

总体来看，电力转型导致 5 项可持续发展目标指标分数一共增加 6.44 分，除了对可持续发展目标 8.4 产生了负面影响，其余可持续发展目标数都呈现上升趋势，总体上促进了中国的可持续发展进程。虽然汞减排避免的心脏病死亡人数对于可持续发展目标 3.6 整体仅带来了轻微的正面效应，但主要是因为中国其他方面对可持续发展目标 3.6 的影响基数较大，无法单独依靠电力转型减少各类疾病的死亡人数，未来仍然需要持续推进汞减排策略来保护居民健康。此外，电力转型对可持续发展目标 6.5 和可持续发展目标 7.4 的促进作用要显著大于其他指标，在制定相关的可持续发展策略时应当重点考虑电力部门的影响。

6.4 未来情景预测及综合影响评估

在"双碳战略"的背景下，中国制定了雄心勃勃的电力清洁低碳转型目标，未来电力系统仍将发生深刻变革。如图 6-2 所示，本节制定了基准情景、中政策情景、强政策情景三种不同的电力转型路径，预测 2030 年和 2050 年的电力部门能源结构。研究结果显示，在最严格的政策情景下，2050 年中国火力发电的总装机容量为 2 亿千瓦，并且全部作为深度参与调峰调频的备用机组，其发电量仅占全国发电总量的 3%左右。同时，可再生能源将成为电力供应的主要来源，全国约 70%的发电量来自风电和光伏。为了最大限度地促进可再生能源消纳，核电也将承担部分调峰调频的任务，保障电力平衡和电网稳定。在目前的政策下，2030 年风电和光伏的装机容量将达 12 亿千瓦，同时可再生能源占一次能源消费比重的 25%左右。为了满足日益增长的电力需求，基准情景中 2030 年和 2050 年仍然需要分别保留 10 亿千瓦和 7 亿千瓦的火力发电机组，但火力发电机组的供应比例将逐步降低到 20%左右。

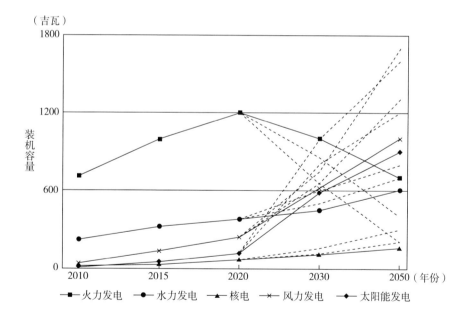

图 6-2 电力系统能源结构的未来情景预测

水力发电主要受限于建设周期和地理位置的限制，无法在短时间内大规模发展，但抽水蓄能电站具有良好的调峰调频性能，具有响应快、能效高、无污染的特点，能够弥补光伏和风电等新能源不稳定的缺陷，有效促进新能源电力消纳。在强政策情景中，2050 年水力发电装机容量将达 8 亿千瓦，同时承担超过 1/5 的电力供应。此外，中国自 2011 年福岛核电站事故之后放缓了核电建设速度，并且建设地点的严格要求也在很大程度上限制了核电的大规模发展，本节预测 2050 年不同政策情景下核电站的装机容量区间为 1.5 亿~3.0 亿千瓦。结果显示，2050 年核电最多能提供约 20% 的电力供应。相比于水电、风电和光伏等可再生能源，核电的装机容量明显更少，但其年平均运行小时数要显著高于其他发电种类，导致核电的电力供应能力和水电大致相当。

在电力清洁低碳转型路径的作用下，电力部门至少有超过 60% 的电力供应来自可再生能源，最高可达 77%。因此，可再生能源在一次能源中的占比也将进一步提高，该比例在现有政策路径下 2030 年将达 25%，而 2050 年将达 40%。如表 6-2 所示，电力转型会进一步拉动可持续发展目标 7.4 的评分不断升高，强政策情境中 2050 年可再生能源在一次能源消费中的占比将达到 60%，同时可持续发展目标 7.4 的评分在现有边界下为 77.12 分。在电力转型政策的推动下，中国可再生能源进入快速扩张阶段，但煤炭等化石能源仍然占据着主导地位，即使是最严格的政策情景中国在 2030 年的可持续发展目标 7.4 评分也没有超过 50 分，与清洁能源在一次能源消费中比例较高的国家仍然存在很大的差距。相比于 2020 年，未来电力转型可以使得可持续发展目标 7.4 的评分增加 32.43~59.35 分，显著改善中国可持续发展目标 7（可负担的清洁能源）评分较低的现状。

表 6-2　可再生能源占比及 SDGs 指标评分的未来情景预测

	2030 年		2050 年	
	可再生能源占比（%）	SDG7.4 评分	可再生能源占比（%）	SDG7.4 评分
基准情景	25	30.01	40	50.20
中政策情景	30	36.74	50	63.66
强政策情景	35	43.47	60	77.12

针对燃煤电厂大气汞排放，一方面燃煤电厂装机容量减少能够从源头减少汞排放，另一方面随着燃煤电厂清洁改造的推进，未来燃煤电厂会装备更完善的污控设施和更高效的燃煤锅炉，因此汞脱除效率和能源利用效率会进一步提高。本节假设燃煤电厂的单位发电煤耗在 2030 年和 2050 年分别降低到 280 克/千瓦时和 270 克/千瓦时，并且 2030 年所有燃煤电厂都安装了完善的污染物控制设施，平均脱汞效率达 80% 左右，2050 年燃煤电厂通过静电除尘—袋式除尘等技术进一步将脱汞效率提高到约 95%。

　　如图 6-3 所示，电力部门在三种政策情景中的汞排放总量大幅降低，2050 年的汞排放总量为 0.62~4.31 吨，相比于 2015 年燃煤电厂 73 吨的汞排放总量大幅减少。除了汞排放因子降低的影响，燃煤电厂装机容量的减少起到了更加重要的作用，并且作为调频调峰备用机组的燃煤电厂年平均运行小时数也明显降低，因此煤炭消费总量也随之减少，从而带来了极大的汞减排收益。在基准情景中，2030 年燃煤电厂汞排放总量仍然为 35.12 吨，约占 2015 年燃煤电厂汞排放总量的一半，而最严格政策情景中 2030 年汞排放则进一步下降到 17.12 吨。两种情景相比之下，强政策情景中 2030 年燃煤电厂装机总量仅有基准情景的 65%，同时年平均发电小时数也下降了 25%，导致汞排放总量显著减少。

　　根据第 4 章的结果可知，2010 年燃煤电厂中采用闭式循环水冷却、直流式水冷却、海水冷却和空冷却技术的机组占比分别为 49.75%、15.05%、17.76% 和 17.43%，而其总体平均取水强度和耗水强度为 163.2 吨/万千瓦时和 10.2 吨/万千瓦时。2010~2020 年，虽然中国火力发电部门的发电量一直在增长，但取水总量自 2011 年之后在逐渐减少，2020 年火电取水总量为 53255.56 吨，平均取水强度降至 101.4 吨/万千瓦时。在未来情景设置中，本节假设未来采用闭式循环水冷却和空冷却的机组占比逐渐上升，导致电厂取水强度进一步下降，2030 年和 2050 年火力发电取水强度分别为 70 吨/万千瓦时和 30 吨/万千瓦时。此外，虽然定期清洗光伏板的取水量不大，但光伏电站的快速扩张仍然会导致电力部门取水量的增加。基于此，本章评估了在不同情景下，电力清洁低碳转型政策导致的取水量变化。

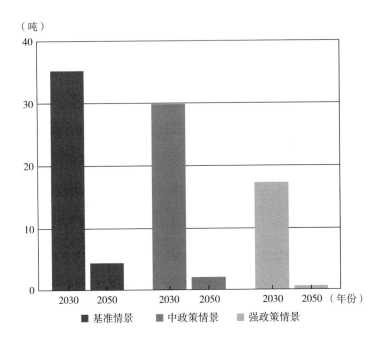

图 6-3　燃煤电厂汞排放未来情景预测

如图 6-4 所示，火电行业随着发电量的大幅减少，同时冷却技术的进步使得取水强度逐年下降，最终取水量呈现显著下降的趋势。在三种政策情景中，2030年取水量为 13650~28000 吨，而 2050 年取水量快速下降到 900~6300 吨，相比于 2020 年取水量至少降低 90%左右。此外，虽然光伏发电的取水强度相对较小，但其取水总量也随着装机规模扩张而快速攀升，在强政策情景下 2050 年光伏发电的取水总量最多达 44.80 兆吨，占电力部门取水总量约为 5%。因此，电力清洁低碳转型能够显著促进水资源保护方面的可持续发展进程（可持续发展目标6.5），有利于减少电力部门的水资源消耗。

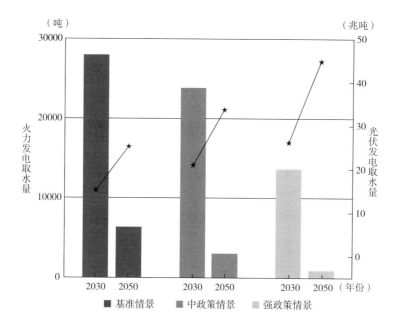

图6-4 不同政策情景下电力部门取水量

注：柱状图表示火电取水量，五角星表示光伏取水量。

电力部门带动了大量的直接就业和间接就业，而第5章的研究结果却表明电力转型可能会导致就业总量减少，阻碍可持续发展目标的顺利实现。如图6-5所示，本部分系统核算了5个发电部门在不同政策情景下的直接就业，发现相比于2017年电力部门的直接就业人数仍然有一定程度的增加，2050年最多可以提供140.29万个直接就业岗位。虽然2050年燃煤电厂的就业强度（4个/万千瓦）高于太阳能发电（0.3个/万千瓦），但在中政策情景下光伏发电提供的就业岗位将是火电厂的2倍以上，而在强政策情景下这一比例将提升到6倍左右。燃煤电厂在此期间的就业人数显著减少，2050年仅提供了不足5%的电力部门直接就业，在强政策情景中会带来60万个工作岗位的直接损失。一方面是由于火电厂规模的大幅削减，另一方面是因为大机组占比和电厂管理水平的提升，导致火电厂就业强度也在逐渐降低。在强政策情景中，可再生能源提供了超过80%的直接就业岗位，其中风电和光伏的贡献最大，分别带来了40万人和69万人的就业机会。

然而，在基准情景下可再生能源对直接就业的贡献则下降到不足70%，2030年和2050年火力发电仍然提供了大量的直接就业岗位，分别占电力部门就业总量的32.45%和23.90%。

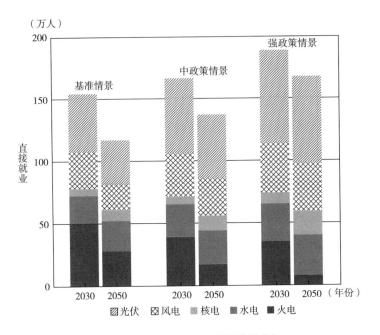

图6-5　未来电力行业结构情景分析

此外，电力清洁低碳转型也会通过供应链影响上游部门的间接就业，同样对就业格局产生显著影响。结果表明，在强政策情景下电力转型将拉动间接就业岗位增长210万个，主要分布在电气机械及器材制造业（34.55万个）、金融业（32.05万个）和交通运输业（20.93万个）等行业。因此，在强政策情境下2050年直接就业和间接就业岗位总量达491.10万个，相比于2017年增长了127.15万个，其中风电和光伏带动就业岗位增长278.99万个，而与火力发电相关的就业岗位却减少了215.83万个。

由此可见，随着电力转型的不断深入，可再生能源部门将替代传统火力发电成为就业增长的主要驱动力。在不同的政策情景下，2050年与电力部门相关的就业岗位总量相比于2017年都呈现增长趋势，基准情景和中政策情景分别导致就业岗位增加 53.09 万个和 77.47 万个。然而，燃煤电厂和可再生能源的上游产业有很大不同，燃煤电厂退役造成的就业岗位流失无法通过发展可再生能源来避免。例如，煤矿开采行业作为劳动密集型产业，其煤炭需求高度依赖于燃煤电厂，如果 2050 年燃煤电厂的装机容量减少到强政策情景中预测的 2 亿千瓦，煤矿开采行业可能会失去 36 万个工作岗位。此外，虽然与电力部门相关的电气机械及器材制造业总就业人数将增加 5 倍以上，但燃煤电厂带动的间接就业岗位将减少超过 100 万个。因此，在制定电力转型策略时，需要综合考虑电力部门和上游产业的就业岗位转移问题，避免电力转型对可持续发展进程产生不利影响。

如表 6-3 所示，本部分量化评估了电力转型导致可持续发展目标评分的变化，发现在不同政策情景下电力转型对可持续发展目标都产生了正向的促进作用，导致可持续发展目标整体评分逐渐增加，其中可持续发展目标 7.4 的评分增加幅度最大。在强政策情景下，电力转型使 5 项可持续发展目标评分一共提高了 64.45 分，其中超过 90% 来自可持续发展目标 7.4，其次是在节约水资源（可持续发展目标 6.5）和减少人均汞排放（可持续发展目标 12.9）方面具有较为显著的作用，分别增加了 2.97 分和 1.37 分。由于可再生能源消费占比和电力转型关系最为密切，因此电力清洁低碳转型对可持续发展目标 7.4 的影响最为显著，能够极大改善我国目前以传统能源为主的能源消费格局。2012~2017 年，电力转型导致了整体就业岗位的减少，但随着可再生能源部门的快速扩张，逐渐弥补了煤电淘汰造成的就业损失，最终在整体上仍然能够拉动就业增长。

表 6-3　不同政策情景下电力转型导致可持续发展目标得分的变化

	基准情景		中政策情景		强政策情景	
	2030 年	2050 年	2030 年	2050 年	2030 年	2050 年
SDG 3.6	0.06	0.11	0.07	0.12	0.09	0.12
SDG 6.5	1.43	2.67	1.67	2.85	2.25	2.97
SDG 7.4	12.25	32.44	18.98	45.90	25.71	59.35
SDG 8.4	0.10	0.26	0.17	0.39	0.29	0.63

续表

	基准情景		中政策情景		强政策情景	
	2030 年	2050 年	2030 年	2050 年	2030 年	2050 年
SDG 12.9	0.72	1.30	0.82	1.34	1.06	1.37
总和	14.56	36.78	21.71	50.59	29.40	64.45

6.5 本章小结

本章量化评估了电力转型导致不同可持续发展目标评分的变化，并通过情景分析方法预测了未来电力转型对可持续发展的影响，发现从整体上讲电力转型能够促进 5 项可持续发展目标进程，但仍然需要重视不同可持续发展目标间的矛盾和冲突，主要结论如下：

第一，在电力转型措施的作用下，中国 5 项可持续发展目标得分一共上升了 6.44 分，其中可持续发展目标 6.5 和可持续发展目标 7.4 受到的影响最为显著，仅有可持续发展目标 8.4 出现了评分下降的情况。虽然部分指标和上限值仍有较大差距，但电力转型总体上仍然有利于推进部分可持续发展进程。

第二，随着电力转型的深入推进，中国电力部门的能源结构将发生深刻变革，在最严格的政策情景下 2050 年火力发电量仅占 3% 左右，同时风电和光伏将提供超过 70% 的电力，可再生能源在一次能源消费中占比将进一步提高到 60%。

第三，总体来看，电力转型能够促进部分可持续发展进程，在强政策情景下电力转型导致 5 项可持续发展目标得分平均增加 12.89 分，其中可持续发展目标 7.4 受到的影响最大。然而，电力转型在短期内会导致总体就业岗位损失，在制定电力转型政策时需要综合考虑其就业影响。

第7章 总结与展望

7.1 本书的主要内容及结论

在"碳达峰"和"碳中和"的背景下，中国大力推动电力清洁低碳转型，不仅会导致电力系统发生颠覆性变革，同时也会对环境-资源-社会系统的可持续发展目标进程产生深远影响。为了系统评估电力转型对不同系统可持续发展目标的影响效果及其作用路径，本书选取了大气汞排放、健康效益、就业影响、水资源消耗和可再生能源占比5个可持续发展目标评价指标，综合运用高分辨率清单编制方法、大气传输模型、投入产出模型、结构路径分析等研究手段，构建了中国电力转型对可持续发展目标影响的综合评估模型，量化分析了电力转型对不同可持续发展目标的作用程度和未来影响，并在此基础上辨识了不同可持续发展目标间的协同效益或矛盾冲突，得到的主要结论如下：

第一，电力转型中针对燃煤电厂的改造措施能够显著减少大气汞排放，其中新增空气污染控制装置对汞减排总量的贡献最大，并且主要集中在大型燃煤电厂。此外，由于不同燃煤电厂间技术水平和燃煤品质的差异，其汞排放因子的差距也十分明显，主要取决于燃煤汞含量和污控设施类型，比如缺少完善污控设施的淘汰电厂汞排放因子就远高于平均水平。在未来的汞减排政策中，一方面要继续淘汰高污染的小型燃煤机组，另一方面要不断提升末端的汞污染治理水平，同时推广洗煤技术在电力部门燃煤预处理中的应用。

第二，三种燃煤电厂改造措施在减少汞排放的同时，也带来了非常可观的健康效益，共避免了 30485 个新生儿智商下降和 114 例致命性心脏病导致的死亡。然而，单独加装选择性催化还原装置会在减少总汞排放的同时增加健康危害更大的二价汞排放量，导致汞排放相关健康风险的上升，从而抵消了新增空气污染控制装置措施的部分健康效益。在大气传输的作用下，不同省份的汞减排效益呈现出很强的区域关联特性，结果显示有将近一半的健康效益来自外地的汞减排措施。此外，当地的人口密度和饮食结构也能够影响汞排放相关健康效益，食用较多海产品以及人口密集的地区更容易受到汞排放的健康影响。

第三，电力转型不仅影响电力部门自身的就业情况，也可能会改变上游部门的就业结构，尤其是导致燃煤电厂相关产业出现失业风险。2012~2017 年，电力转型使电力部门相关的直接就业和间接就业岗位减少了 127 万个，其中主要集中在煤矿开采、设备制造等燃煤电厂相关行业。同时，以风电和光伏为代表的新能源快速扩张，拉动直接就业和间接就业岗位超过 30 万个，上游部门主要包括电气设备制造（1.74 万个）、金融业（1.09 万个）和电子设备制造业（0.89 万个）。研究表明，电力转型会对燃煤电厂等传统能源相关的就业造成严重冲击，需要在未来的电力转型政策中综合考虑煤炭依赖度大的城市失业风险问题，积极推进包括煤化工、碳捕获、利用与封存在内的煤炭清洁高效利用方式，促进电力行业的公正转型和平稳过渡。

第四，燃煤电厂贡献了中国电力部门大部分的水资源消耗量，2010 年取水量和耗水量分别为 58014.21 吨和 4155.43 吨，影响其水资源消耗强度的主要因素包括年发电量、冷却方式和机组容量等。在不同的冷却类型中，空冷却机组的取水量和耗水量最低，适合水资源紧张的西北地区。相比于直流式水冷却，闭式循环水冷却的取水量要低得多，但后者的耗水量要显著高于前者。虽然电力转型措施中新增湿法烟气脱硫和新建光伏电站都会导致耗水量增加，总体来讲，电力转型仍然在很大程度上促进了电力部门耗水总量和耗水强度的双降低，节水效益超过了 200 吨。

第五，目前，电力清洁低碳转型有利于可持续发展目标的整体实现，"十二五"期间导致 5 项可持续发展目标的评分上升了 6.44 分。基于不同的政策情景分析，未来电力转型会逐渐扩大可再生能源占比，在 2050 年促进可持续发展目标得分平均增加 7.36~12.89 分。然而，电力转型会导致上下游产业链的就业格局显著变化，燃煤电厂等传统能源相关的就业岗位会大幅减少，与传统能源相关的产业部门仍然存在结构性失业的风险，阻碍了在充分就业方面的可持续发展目标进程，但可再生能源的快速扩张抵消了淘汰燃煤电厂的负面影响。

随着中国电力转型的持续推进，本书中环境-资源-社会系统的 5 个可持续发展目标都在协同发展，但其中部分转型措施和可持续发展目标之间仍然存在权衡或矛盾的关系，需要从行业或国家的角度全面考虑各项转型措施的综合影响，为电力部门制定本地化、差异化、精细化的转型路径和治理策略，从而实现整体可持续发展进程的效益最大化，促进电力绿色转型和可持续发展的协同推进。

7.2 本书的主要创新点

本书构建了中国电力转型对环境-资源-社会系统可持续发展目标指标的综合影响评估模型，量化分析了电力转型对大气汞排放、水资源消耗、健康效益和就业影响等可持续发展目标指标的作用范围和影响路径，揭示了不同系统可持续发展目标之间的协同或权衡关系，为制定协同推进的电力转型和可持续发展策略提供了数据参考和评估框架，主要创新点如下：

第一，本书构建了涵盖煤耗量、发电量、燃煤汞含量、冷却装置类型等参数的燃煤电厂基础数据库，并在此基础上编制了点源级的中国燃煤电厂汞排放清单和水资源消耗清单，提升了中国燃煤电厂的环境资源清单精度，系统揭示了电力转型过程中相关资源环境指标的时空演化规律及关键影响因素，完善了针对负责任消费及生产（可持续发展目标 12）的评价指标，为全面分析中国电力转型带来的环境资源影响提供了数据基础。

第二，基于高分辨率的点源排放清单，本书综合运用了大气传输模型、投入产出分析和流行病学研究等方法，开发了长链条的中国燃煤电厂汞减排健康效益评估模型，创新性地从避免胎儿智商损失和致命性心脏病发作死亡两个方面定量评估了电力清洁低碳转型带来的大气汞减排相关健康效益，明确了电力转型影响下不同汞排放形态对居民健康（可持续发展目标 3.6）的影响，为协同推进电力清洁低碳转型和健康福祉可持续发展目标提供了分析框架和政策建议。

第三，针对电力部门及其相关行业的就业情况，本书综合运用了投入产出、结构路径分析等方法，从直接就业和间接就业两个方面评估了电力转型对失业率（可持续发展目标 8.4）的影响，系统分析了电力转型导致上下游产业部门就业结构的变化，从宏观角度核算了电力转型措施增加和减少的就业岗位，揭示了不同转型目标间的冲突和矛盾，为解决电力转型过程中目标转移、结果冲突和风险管控等问题提供了量化模型和决策工具。

7.3　研究展望与不足

本书系统评估了电力转型对不同系统可持续发展目标的影响程度，从大气汞排放、健康效益、就业影响、水资源消耗和可再生能源消费占比五个方面探究了电力转型与可持续发展目标的内在关联，但仍然存在一些不足之处。在上述内容的基础上，可以在以下三个方面进一步拓展相关研究：

第一，拓展电力转型对环境资源相关可持续发展目标影响的评估指标体系。本书选取大气汞和水资源作为典型的可持续发展目标评价指标，尚未将温室气体、二氧化硫、颗粒物和氮氧化物等环境排放相关可持续发展目标纳入评估体系，无法全面反映电力转型对环境资源相关可持续发展目标的整体影响。因此，后续工作需要关注电力转型对不同环境资源指标的影响，构建更完善的电力转型可持续发展目标评价指标体系，并在此基础上探究不同环境资源指标间的关联特性，辨识不同环境资源相关可持续发展目标协同优化的电力转型路径。

第二，构建宏观经济模型评估电力转型中资金投入与成本回收的潜在矛盾。现有可持续发展目标指标体系中主要从可持续发展目标 1（消除贫困）和可持续发展目标 8（体面工作与经济增长）两个方面评估经济系统的可持续发展进程，包括贫困率、经济增长率、就业率等宏观指标，缺乏对微观层面项目资金投入和成本回收的量化分析，无法反映经济成本对电力转型的潜在负面影响。因此，需要构建科学合理的经济系统可持续发展目标评价指标，在宏观层面体现电力转型中大量资金成本的使用效率及整体回报。

第三，完善可持续发展进程下的电力转型未来情景预测及路径优化模型。本书基于以往电力转型措施对不同系统可持续发展目标的影响评估，预测了未来电力转型策略下各类可持续发展目标的变化，虽然能够为制定电力转型政策提供数据参考和理论依据，但情景预测中的可再生能源占比、年发电小时数、排放因子等数据仅停留在全国的宏观尺度，没有考虑不同省份的资源禀赋和电力结构等特征差异，对光热发电、生物质发电等目前占比较低的能源种类缺乏量化评估，不足以有效支撑科学合理的转型策略制定和路径规划。因此，未来研究需要进一步细化情景分析中的参数设置和技术路径，为制定多目标、多系统协同优化的最优转型策略提供数据基础和决策工具。

参考文献

［1］ Y. Zhao, S. Wang, L. Duan, Y. Lei, P. Cao, J. Hao. Primary Air Pollutant Emissions of Coal-fired Power Plants in China: Current Status and Future Prediction ［J］. Atmospheric Environment, 2008, 42 （36）: 8442-8452.

［2］ X. Li, X. Wu, F. Zhang. A Method for Analyzing Pollution Control Policies: Application to SO_2 emissions in China ［J］. Energy Economics, 2015 （49）: 451-459.

［3］ M. Li, H. Liu, G. Geng, C. Hong, F. Liu, Y. Song, et al. Anthropogenic Emission Inventories in China: A Review ［J］. National Science Review, 2017, 4 （6）: 834-866.

［4］ X. Song, C. Jiang, Y. Lei, Y. Zhong, Y. Wang. Permitted Emissions of Major Air Pollutants from Coal-fired Power Plants in China Based on Best Available Control Technology ［J］. Frontiers of Environmental Science & Engineering, 2018, 12 （5）: 1-13.

［5］ Y. Shi, Y. -f. Xia, B. -h. Lu, N. Liu, L. Zhang, S. -j. Li, et al. Emission Inventory and Trends of NO_x for China, 2000-2020 ［J］. Journal of Zhejiang University Science A, 2014, 15 （6）: 454-464.

［6］ Q. Wu, S. Wang, G. Li, S. Liang, C. -J. Lin, Y. Wang, et al. Temporal

Trend and Spatial Distribution of Speciated Atmospheric Mercury Emissions in China during 1978 – 2014 ［J］. Environmental Science & Technology, 2016, 50 (24): 13428–13435.

［7］ Q. Liu, X. –Q. Zheng, X. –C. Zhao, Y. Chen, O. Lugovoy. Carbon Emission Scenarios of China's Power Sector: Impact of Controlling Measures and Carbon Pricing Mechanism ［J］. Advances in Climate Change Research, 2018, 9 (1): 27–33.

［8］ P. B. Tchounwou, C. G. Yedjou, A. K. Patlolla, D. J. Sutton. Heavy Metal Toxicity and the Environment ［J］. Molecular, Clinical and Environmental Toxicology, 2012 (2): 133–164.

［9］ X. F. Hu, B. D. Laird, H. M. Chan. Mercury Diminishes the Cardiovascular Protective Effect of Omega–3 Polyunsaturated Fatty Acids in the Modern Diet of Inuit in Canada ［J］. Environmental Research, 2017 (152): 470–477.

［10］ H. A. Roman, T. L. Walsh, B. A. Coull, E. Dewailly, E. Guallar, D. Hattis, et al. Evaluation of the Cardiovascular Effects of Methylmercury Exposures: Current Evidence Supports Development of a Dose – response Function for Regulatory Benefits Analysis ［J］. Environmental Health Perspectives, 2011, 119 (5): 607–614.

［11］ C. T. Driscoll, R. P. Mason, H. M. Chan, D. J. Jacob, N. Pirrone. Mercury as a Global Pollutant: Sources, Pathways, and Effects ［J］. Environmental Science & Technology, 2013, 47 (10): 4967–4983.

［12］ P. Grandjean, H. Satoh, K. Murata, K. Eto. Adverse Effects of Methylmercury: Environmental Health Research Implications ［J］. Environmental Health Perspectives, 2010, 118 (8): 1137–1145.

［13］ International Renewable Energy Agency. Greenhouse Gas Emissions from Energy Data Explorer ［R］. Paris, 2022.

［14］ 中国电力企业联合会. 中国电力统计年鉴 ［M］. 北京: 中国统计出

版社，2021.

　　［15］国家统计局. 中国统计年鉴［M］. 北京：中国统计出版社，2021.

　　［16］R. Wu，F. Liu，D. Tong，Y. Zheng，Y. Lei，C. Hong，et al. Air Quality and Health Benefits of China's Emission Control Policies on Coal-fired Power Plants during 2005-2020［J］. Environmental Research Letters，2019，14（9）：094016.

　　［17］Sili，Zhou，Wendong，Wei，Long，Chen，et al. Impact of A Coal-Fired Power Plant Shutdown Campaign on Heavy Metal Emissions in China［J］. Environmental Science & Technology，2019，53（23）：14063-14069.

　　［18］J. Li，W. Wei，W. Zhen，Y. Guo，B. Chen. How Green Transition of Energy System Impacts China's Mercury Emissions［J］. Earth's Future，2019，7（12）：1407-1416.

　　［19］李晓西，刘一萌，宋涛. 人类绿色发展指数的测算［J］. 中国社会科学，2014（6）：69-95+207-208.

　　［20］J. D. Sachs，G. Schmidt-Traub，M. Mazzucato，D. Messner，N. Nakicenovic，J. Rockström. Six Transformations to Achieve the Sustainable Development Goals［J］. Nature Sustainability，2019，2（9）：805-814.

　　［21］P. Patrizio，S. Leduc，F. Kraxner，S. Fuss，G. Kindermann，S. Mesfun，et al. Reducing US Coal Emissions Can Boost Employment［J］. Joule，2018，2（12）：2633-2648.

　　［22］L. Chen，S. Liang，M. Liu，Y. Yi，Z. Mi，Y. Zhang，et al. Trans-provincial Health Impacts of Atmospheric Mercury Emissions in China［J］. Nature Communications，2019，10（1）：1-12.

　　［23］中国电力企业联合会. 中国电力行业年度发展报告2020［M］. 北京：中国市场出版社，2020.

　　［24］国家统计局. 中国人口和就业统计年鉴2020［M］. 北京：中国统计

出版社，2020.

［25］International Renewable Energy Agency. Renewable Energy and Jobs－Annual Review（2013－2020）［R］. Abu Dhabi，2013－2020.

［26］H. R. Bohlmann，J. M. Horridge，R. Inglesi－Lotz，E. L. Roos，L. Stander. Regional Employment and Economic Growth Effects of South Africa's Transition to Low－carbon Energy Supply Mix［J］. Energy Policy，2019，128（5）：830－837.

［27］S. Pai，J. Emmerling，L. Drouet，H. Zerriffi，J. Jewell. Meeting Well－below 2℃ target Would Increase Energy Sector Jobs Globally［J］. One Earth，2021，4（7）：1026－1036.

［28］J. Sachs，G. Schmidt－Traub，C. Kroll，D. Durand－Delacre，K. Teksoz. SDG Index and Dashboards Report 2018［M］. New York：Bertelsmann Stiftung and Sustainable Development Solutions Network（SDSN），2018.

［29］Z. Xu，S. N. Chau，X. Chen，J. Zhang，Y. Li，T. Dietz，et al. Assessing Progress towards Sustainable Development over Space and Time［J］. Nature，2020，577（7788）：74－78.

［30］H. Zhang，K. Wu，Y. Qiu，G. Chan，S. Wang，D. Zhou，et al. Solar Photovoltaic Interventions Have Reduced Rural Poverty in China［J］. Nature Communications，2020，11（1）：1－10.

［31］王红帅，董战峰. 联合国可持续发展目标的评估与落实研究最新进展——目标关系的视角［J］. 中国环境管理，2020，12（6）：88－94.

［32］F. Fuso Nerini，J. Tomei，L. S. To，I. Bisaga，P. Parikh，M. Black，et al. Mapping Synergies and Trade－offs between Energy and the Sustainable Development Goals［J］. Nature Energy，2018，3（1）：10－15.

［33］R. Srikanth. India's Sustainable Development Goals－Glide Path for India's Power Sector［J］. Energy Policy，2018（123）：325－336.

［34］ M. Yetano Roche, H. Verolme, C. Agbaegbu, T. Binnington, M. Fisch-edick, E. O. Oladipo. Achieving Sustainable Development Goals in Nigeria's Power Sector: Assessment of Transition Pathways ［J］. Climate Policy, 2020, 20 (7): 846-865.

［35］ United Nations Environment Programme. Global Mercury Assessment 2018 ［R］. Geneva, 2019.

［36］ J. O. Nriagu, J. M. Pacyna. Quantitative Assessment of Worldwide Contamination of Air, Water and Soils by Trace Metals ［J］. Nature, 1988, 333 (6169): 134-139.

［37］ E. G. Pacyna, J. M. Pacyna. Global Emission of Mercury from Anthropogenic Sources in 1995 ［J］. Water, Air, and Soil Pollution, 2002, 137 (1): 149-165.

［38］ E. G. Pacyna, J. Pacyna, K. Sundseth, J. Munthe, K. Kindbom, S. Wilson, et al. Global Emission of Mercury to the Atmosphere from Anthropogenic Sources in 2005 and Projections to 2020 ［J］. Atmospheric Environment, 2010, 44 (20): 2487-2499.

［39］ D. G. Streets, H. M. Horowitz, D. J. Jacob, Z. Lu, L. Levin, A. F. Ter Schure, et al. Total Mercury Released to the Environment by Human Activities ［J］. Environmental Science & Technology, 2017, 51 (11): 5969-5977.

［40］ Q. Wang, W. Shen, Z. Ma. Estimation of Mercury Emission from Coal Combustion in China ［J］. Environmental Science & Technology, 2000, 34 (13): 2711-2713.

［41］ D. G. Streets, J. Hao, Y. Wu, J. Jiang, M. Chan, H. Tian, et al. Anthropogenic Mercury Emissions in China ［J］. Atmospheric Environment, 2005, 39 (40): 7789-7806.

［42］ M. Hui, Q. Wu, S. Wang, S. Liang, L. Zhang, F. Wang, et al. Mercury

Flows in China and Global Drivers ［J］. Environmental Science & Technology, 2017, 51 (1): 222-231.

［43］ L. Zhang, S. Wang, L. Wang, Y. Wu, L. Duan, Q. Wu, et al. Updated Emission Inventories for Speciated Atmospheric Mercury from Anthropogenic Sources in China ［J］. Environmental Science & Technology, 2015, 49 (5): 3185-3194.

［44］ Y. Huang, M. Deng, T. Li, J. Japenga, Q. Chen, X. Yang, et al. Anthropogenic Mercury Emissions from 1980 to 2012 in China ［J］. Environmental Pollution, 2017 (226): 230-239.

［45］ D. Tong, Q. Zhang, F. Liu, G. Geng, Y. Zheng, T. Xue, et al. Current Emissions and Future Mitigation Pathways of Coal-fired Power Plants in China from 2010 to 2030 ［J］. Environmental Science & Technology, 2018, 52 (21): 12905-12914.

［46］ Y. Hu, H. Cheng. Control of Mercury Emissions from Stationary Coal Combustion Sources in China: Current Status and Recommendations ［J］. Environmental Pollution, 2016 (218): 1209-1221.

［47］ K. Liu, S. Wang, Q. Wu, L. Wang, Q. Ma, L. Zhang, et al. A Highly Resolved Mercury Emission Inventory of Chinese Coal-fired Power Plants ［J］. Environmental Science & Technology, 2018, 52 (4): 2400-2408.

［48］ H. Tian, K. Liu, J. Zhou, L. Lu, J. Hao, P. Qiu, et al. Atmospheric Emission Inventory of Hazardous Trace Elements from China's Coal-Fired Power Plants-Temporal Trends and Spatial Variation Characteristics ［J］. Environmental Science Technology, 2014, 48 (6): 3575-3582.

［49］ H. Tian, C. Zhu, J. Gao, K. Cheng, J. Hao, K. Wang, et al. Quantitative Assessment of Atmospheric Emissions of Toxic Heavy Metals from Anthropogenic Sources in China: Historical Trend, Spatial Distribution, Uncertainties, and Control Policies ［J］. Atmospheric Chemistry and Physics, 2015, 15 (17): 10127-10147.

［50］ K. Liu, Q. Wu, L. Wang, S. Wang, T. Liu, D. Ding, et al. Measure-specific Effectiveness of Air Pollution Control on China's Atmospheric Mercury Concentration and Deposition during 2013-2017 ［J］. Environmental Science & Technology, 2019, 53 (15): 8938-8946.

［51］ C. Zhu, H. Tian, Y. Hao, J. Gao, J. Hao, Y. Wang, et al. A High-resolution Emission Inventory of Anthropogenic Trace Elements in Beijing-Tianjin-Hebei (BTH) Region of China ［J］. Atmospheric Environment, 2018 (191): 452-462.

［52］ H. M. Amos, D. J. Jacob, C. Holmes, J. A. Fisher, Q. Wang, R. M. Yantosca, et al. Gas-particle Partitioning of Atmospheric Hg (Ⅱ) and Its Effect on Global Mercury Deposition ［J］. Atmospheric Chemistry and Physics, 2012, 12 (1): 591-603.

［53］ Q. Zhang, X. Jiang, D. Tong, S. J. Davis, H. Zhao, G. Geng, et al. Transboundary Health Impacts of Transported Global Air Pollution and International Trade ［J］. Nature, 2017, 543 (7647): 705-709.

［54］ I. Bey, D. J. Jacob, R. M. Yantosca, J. A. Logan, B. D. Field, A. M. Fiore, et al. Global Modeling of Tropospheric Chemistry with Assimilated Meteorology: Model Description and Evaluation ［J］. Journal of Geophysical Research: Atmospheres, 2001, 106 (D19): 23073-23095.

［55］ C. D. Holmes, D. J. Jacob, E. S. Corbitt, J. Mao, X. Yang, R. Talbot, et al. Global Atmospheric Model for Mercury Including Oxidation by Bromine Atoms ［J］. Atmospheric Chemistry and Physics, 2010, 10 (24): 12037-12057.

［56］ 王世强，黎伟标，邓雪娇，邓涛，李菲，谭浩波. 广州地区大气污染物输送通道的特征 ［J］. 中国环境科学，2015, 35 (10): 2883-2890.

［57］ 李婷苑，范绍佳，邓雪娇，张旭斌，邓涛，李菲. 广州地区 PM2.5 区域输送影响分析 ［J］. 中国科学院大学学报，2014, 31 (3): 403-409.

［58］ C. Jiang, H. Wang, T. Zhao, T. Li, H. Che. Modeling Study of PM 2. 5 Pollutant Transport Across Cities in China's Jing-Jin-Ji Region during a Severe Haze Episode in December 2013 ［J］. Atmospheric Chemistry and Physics, 2015, 15 (10): 5803-5814.

［59］ J. Meng, J. Liu, K. Yi, H. Yang, D. Guan, Z. Liu, et al. Origin and Radiative Forcing of Black Carbon Aerosol: Production and Consumption Perspectives ［J］. Environmental Science & Technology, 2018, 52 (11): 6380-6389.

［60］ J. M. Pacyna, O. Travnikov, F. De Simone, I. M. Hedgecock, K. Sundseth, E. G. Pacyna, et al. Current and Future Levels of Mercury Atmospheric Pollution on a Global Scale ［J］. Atmospheric Chemistry and Physics, 2016, 16 (19): 12495-12511.

［61］ E. S. Corbitt, D. J. Jacob, C. D. Holmes, D. G. Streets, E. M. Sunderland. Global Source-receptor Relationships for Mercury Deposition under Present-day and 2050 Emissions Scenarios ［J］. Environmental Science & Technology, 2011, 45 (24): 10477-10484.

［62］ L. Chen, H. Wang, J. Liu, Y. Tong, L. Ou, W. Zhang, et al. Intercontinental Transport and Deposition Patterns of Atmospheric Mercury from Anthropogenic Emissions ［J］. Atmospheric Chemistry and Physics, 2014, 14 (18): 10163-10176.

［63］ T. W. Clarkson. Mercury: Major Issues in Environmental Health ［J］. Environmental Health Perspectives, 1993 (100): 31-38.

［64］ T. G. Kershaw, P. H. Dhahir, T. W. Clarkson. The Relationship between Blood Levels and Dose of Methylmercury in Man ［J］. Archives of Environmental Health: An International Journal, 1980, 35 (1): 28-36.

［65］ B. Aberg, L. Ekman, R. Falk, U. Greitz, G. Persson, J. O. Snihs. Metabolism of Methyl Mercury Compounds in Man: Excretion and Distribution ［J］. Archives of Environmental Health, 1969, 19 (4): 478-484.

［66］ F. Zahir, S. J. Rizwi, S. K. Haq, R. H. Khan. Low Dose Mercury Toxicity and Human Health ［J］. Environmental Toxicology and Pharmacology, 2005, 20 (2): 351-360.

［67］ E. Ha, N. Basu, S. Bose-O'Reilly, J. G. Dórea, E. McSorley, M. Sakamoto, et al. Current Progress on Understanding the Impact of Mercury on Human Health ［J］. Environmental Research, 2017 (152): 419-433.

［68］ E. M. Sunderland, M. Li, K. Bullard. Erratum: "Decadal Changes in the Edible Supply of Seafood and Methylmercury Exposure in the United States" ［J］. Environmental Health Perspectives, 2018, 126 (2): 029003.

［69］ B. Meng, X. Feng, G. Qiu, P. Liang, P. Li, C. Chen, et al. The Process of Methylmercury Accumulation in Rice (Oryza sativa L.) ［J］. Environmental Science & Technology, 2011, 45 (7): 2711-2717.

［70］ M. Bellanger, C. Pichery, D. Aerts, M. Berglund, A. Castaño, M. Čejchanová, et al. Economic Benefits of Methylmercury Exposure Control in Europe: Monetary Value of Neurotoxicity Prevention ［J］. Environmental Health, 2013, 12 (1): 1-10.

［71］ A. Giang, N. E. Selin. Benefits of Mercury Controls for the United States ［J］. Proceedings of the National Academy of Sciences, 2016, 113 (2): 286-291.

［72］ 中华人民共和国水利部. 2020 年中国水资源公报 ［R］. 北京, 2021.

［73］ International Energy Agency. Water-Energy Nexus ［R］. Abu Dhabi, 2017.

［74］ C. Zhang, L. D. Anadon. Life Cycle Water Use of Energy Production and Its Environmental Impacts in China ［J］. Environmental Science & Technology, 2013, 47 (24): 14459-14467.

［75］ X. Liao, J. W. Hall, N. Eyre. Water Use in China's Thermoelectric Power Sector ［J］. Global Environmental Change, 2016 (41): 142-152.

［76］关伟，赵湘宁，许淑婷. 中国能源水足迹时空特征及其与水资源匹配关系［J］. 资源科学，2019，41（11）：12.

［77］X. Ma, D. Yang, X. Shen, Y. Zhai, R. Zhang, J. Hong. How Much Water is Required for Coal Power Generation: An Analysis of Gray and Blue Water Footprints［J］. Science of The Total Environment, 2018（636）：547−557.

［78］X. Zhang, J. Liu, Y. Tang, X. Zhao, H. Yang, P. Gerbens−Leenes, et al. China's Coal−Fired Power Plants Impose Pressure on Water Resources［J］. Journal of Cleaner Production, 2017（161）：1171−1179.

［79］C. Zhang, L. Zhong, X. Fu, J. Wang, Z. Wu. Revealing Water Stress by the Thermal Power Industry in China Based on a High Spatial Resolution Water Withdrawal and Consumption Inventory［J］. Environmental Science & Technology, 2016, 50（4）：1642−1652.

［80］C. Zhang, G. He, J. Johnston, L. Zhong. Long−term Transition of China's Power Sector under Carbon Neutrality Target and Water Withdrawal Constraint［J］. Journal of Cleaner Production, 2021（329）：129765.

［81］C. Zhang, L. Zhong, J. Wang. Decoupling between Water Use and Thermoelectric Power Generation Growth in China［J］. Nature Energy, 2018, 3（9）：792−799.

［82］J. Li, Y. Zhang, Y. Deng, D. Xu, Y. Tian, K. Xie. Water Consumption and Conservation Assessment of the Coal Power Industry in China［J］. Sustainable Energy Technologies and Assessments, 2021（47）：101464.

［83］C. Jia, P. Yan, P. Liu, Z. Li. Energy Industrial Water Withdrawal under Different Energy Development Scenarios: A Multi−regional Approach and a Case Study of China［J］. Renewable and Sustainable Energy Reviews, 2021（135）：110224.

［84］I. M. Algunaibet, C. Pozo, A. Galán−Martín, M. A. Huijbregts, N. Mac

Dowell, G. Guillén‑Gosálbez. Powering Sustainable Development within Planetary Boundaries ［J］. Energy & Environmental Science, 2019, 12 (6)：1890-1900.

［85］J. Macknick, J. Meldrum, S. Nettles‑Anderson, G. Heath, A. Miara. Life Cycle Water Use for Photovoltaic Electricity Generation：A Review and Harmonization of Literature Estimates in 2014 IEEE 40ᵗʰ Photovoltaic Specialist Conference (PVSC) ［J］. IEEE：2014 (2)：1458-1460.

［86］P. Sinha. Life Cycle Materials and Water Management for CdTe Photovoltaics ［J］. Solar Energy Materials and Solar Cells, 2013 (119)：271-275.

［87］M. Ren, C. R. Mitchell, W. Mo. Dynamic Life Cycle Economic and Environmental Assessment of Residential Solar Photovoltaic Systems ［J］. Science of The Total Environment, 2020 (722)：137932.

［88］J. Yang, B. Chen. Energy‑water Nexus of Wind Power Generation Systems ［J］. Applied Energy, 2016 (169)：1-13.

［89］项潇智，贾绍凤. 中国能源产业的现状需水估算与趋势分析 ［J］. 自然资源学报, 2016 (1)：10.

［90］V. Fthenakis, H. C. Kim. Life‑cycle Uses of Water in US Electricity Generation ［J］. Renewable and Sustainable Energy Reviews, 2010, 14 (7)：2039-2048.

［91］陈崇明，张杨，宋国升. 石灰石—石膏湿法脱硫系统水耗计算及节水分析 ［J］. 电站辅机, 2013, 34 (1)：4.

［92］刘进军. 湿式石灰石/石膏法烟气脱硫水耗的影响因素分析 ［J］. 资源节约与环保, 2015 (5)：2.

［93］陈海占，袁星，徐钢. 火电机组湿法脱硫系统水耗建模与分析 ［J］. 现代电力, 2011, 28 (5)：4.

［94］H. P. Xiao, L. Dong, G. Y. Han, X. Ning. Impacts on Water Consumption in Wet Flue Gas Desulfuration ［J］. Advanced Materials Research, 2014 (2)：151-155.

［95］孟智超. 火电机组湿法脱硫系统运行优化技术研究［D］. 保定：华北电力大学，2021.

［96］孙冬，刘言言，袁家海. 发展可再生能源的就业效应综述［J］. 华北电力大学学报（社会科学版），2022，3（1）：27-34.

［97］P. J. Burke，R. Best，F. Jotzo. Closures of Coal－fired Power Stations in Australia：Local Unemployment Effects［J］. Australian Journal of Agricultural and Resource Economics，2019，63（1）：142-165.

［98］H. U. Heinrichs，D. Schumann，S. Vögele，K. H. Biβ，H. Shamon，P. Markewitz，et al. Integrated Assessment of a Phase－out of Coal－fired Power Plants in Germany［J］. Energy，2017（126）：285-305.

［99］M. Çetin，N. Eğrican. Employment Impacts of Solar Energy in Turkey［J］. Energy Policy，2011，39（11）：7184-7190.

［100］C. Tourkolias，S. Mirasgedis. Quantification and Monetization of Employment Benefits Associated with Renewable Energy Technologies in Greece［J］. Renewable and Sustainable Energy Reviews，2011，15（6）：2876-2886.

［101］J. Rutovitz，E. Dominish，J. Downes. Calculating Global Energy Sector jobs：2015 methodology［R］. 2015.

［102］International Labour Organization，World Employment and Social Outlook 2018：Greening with Jobs［R］. Geneva，2018.

［103］F. Faturay，V. S. G. Vunnava，M. Lenzen，S. Singh. Using a New USA Multi－region Input Output（MRIO）Model for Assessing Economic and Energy Impacts of Wind Energy Expansion in USA［J］. Applied Energy，2020（261）：114141.

［104］U. Lehr，C. Lutz，D. Edler. Green jobs？Economic Impacts of Renewable Energy in Germany［J］. Energy Policy，2012（47）：358-364.

［105］P. Fragkos，L. Paroussos. Employment Creation in EU Related to Renewables Expansion［J］. Applied Energy, 2018（230）：935-945.

［106］陆旸. 中国的绿色政策与就业：存在双重红利吗？［J］. 经济研究，2011（7）：13.

［107］谭永生. 经济低碳化对中长期就业的影响及对策研究［J］. 中国人口·资源与环境，2010, 20（12）：5.

［108］M. O' sullivan, D. Edler. Gross Employment Effects in the Renewable Energy Industry in Germany—An Input-Output Analysis from 2000 to 2018［J］. Sustainability, 2020, 12（15）：6163.

［109］W. Cai, Y. Mu, C. Wang, J. Chen. Distributional Employment Impacts of Renewable and New Energy-A Case Study of China［J］. Renewable and Sustainable Energy Reviews, 2014（39）：1155-1163.

［110］Y. Mu, W. Cai, S. Evans, C. Wang, D. Roland-Holst. Employment Impacts of Renewable Energy Policies in China：A Decomposition Analysis Based on a CGE Modeling Framework［J］. Applied Energy, 2018（210）：256-267.

［111］Z. Mi, J. Meng, H. Zheng, Y. Shan, Y. -M. Wei, D. Guan. A Multi-regional Input-output Table Mapping China's Economic Outputs and Interdependencies in 2012［J］. Scientific Data, 2018, 5（1）：1-12.

［112］N. E. Selin, D. J. Jacob, R. M. Yantosca, S. Strode, L. Jaeglé, E. M. Sunderland. Global 3-D Land-ocean-atmosphere Model for Mercury：Present-day Versus Preindustrial Cycles and Anthropogenic Enrichment Factors for Deposition［J］. Global Biogeochemical Cycles, 2008, 22（2）：145-160.

［113］A. L. Soerensen, E. M. Sunderland, C. D. Holmes, D. J. Jacob, R. M. Yantosca, H. Skov, et al. An Improved Global Model for Air-sea Exchange of Mercury：High Concentrations over the North Atlantic［J］. Environmental Science & Technology, 2010, 44（22）：8574-8580.

[114] L. Zhao, G. Qiu, C. W. Anderson, B. Meng, D. Wang, L. Shang, et al. Mercury Methylation in Rice Paddies and Its Possible Controlling Factors in the Hg mining Area, Guizhou Province, Southwest China [J]. Environmental Pollution, 2016 (215): 1-9.

[115] H. A. Roman, T. L. Walsh, B. A. Coull, E. Dewailly, E. Guallar, D. Hattis, et al. Evaluation of the Cardiovascular Effects of Methylmercury Exposures: Current Evidence Supports Development of A Dose – response Function for Regulatory Benefits Analysis [J]. Environmental Health Perspectives, 2011, 119 (5): 607-614.

[116] G. E. Rice, J. K. Hammitt, J. S. Evans. A Probabilistic Characterization of the Health Benefits of Reducing Methyl Mercury Intake in the United States [J]. Environmental Science & Technology, 2010, 44 (13): 5216-5224.

[117] E. Guallar, M. I. Sanz – Gallardo, P. V. T. Veer, P. Bode, A. Aro, J. Gómez-Aracena, et al. Mercury, Fish Oils, and the Risk of Myocardial Infarction [J]. New England Journal of Medicine, 2002, 347 (22): 1747-1754.

[118] D. A. Axelrad, D. C. Bellinger, L. M. Ryan, T. J. Woodruff. Dose-response Relationship of Prenatal Mercury Exposure and IQ: An Integrative Analysis of Epidemiologic Data [J]. Environmental Health Perspectives, 2007, 115 (4): 609-615.

[119] S. Wang, Y. Zhang, Y. Gu, J. Wang, Y. Zhang, Y. Cao, et al. Using Modified Fly Ash for Mercury Emissions Control for Coal-fired Power Plant Applications in China [J]. Fuel, 2016 (181): 1230-1237.

[120] H. Li, S. Wang, X. Wang, Y. Wang, N. Tang, S. Pan, et al. FeCl3 – modified Co – Ce Oxides Catalysts for Mercury Removal from Coal – fired Flue Gas [J]. Chemical Papers, 2017, 71 (12): 2545-2555.

[121] J. Yang, Y. Zhao, S. Ma, B. Zhu, J. Zhang, C. Zheng. Mercury Removal by Magnetic Biochar Derived from Simultaneous Activation and Magnetization of Saw-

dust［J］. Environmental Science & Technology, 2016, 50 (21)：12040-12047.

［122］田沛佩. 基于 MRIO 的中国水—能—碳耦合关系研究［D］. 保定：华北电力大学, 2021.

［123］Q. Wang, X. Song, Y. Liu. China's Coal Consumption in A Globalizing World：Insights from Multi-Regional Input-Output and Structural Decomposition Analysis［J］. Science of The Total Environment, 2020 (711)：134790.

［124］B. Su, B. W. Ang, Y. Li. Input - output and Structural Decomposition Analysis of Singapore's Carbon Emissions［J］. Energy Policy, 2017 (105)：484-492.

［125］W. Zhen, Q. Qin, Z. Zhong, L. Li, Y. -M. Wei. Uncovering Household Indirect Energy-saving Responsibility from a Sectoral Perspective：An Empirical Analysis of Guangdong, China［J］. Energy Economics, 2018 (72)：451-461.

［126］Y. Zhang, Q. Chen, B. Chen, J. Liu, H. Zheng, H. Yao, et al. Identifying Hotspots of Sectors and Supply Chain Paths for Electricity Conservation in China［J］. Journal of Cleaner Production, 2020 (251)：119653.

［127］Y. Yang, J. Xu, Z. Liu, Q. Guo, M. Ye, G. Wang, et al. Progress in Coal Chemical Technologies of China［J］. Reviews in Chemical Engineering, 2020, 36 (1)：21-66.

［128］J. Li, S. Hu. History and Future of the Coal and Coal Chemical Industry in China［J］. Resources Conservation & Recycling, 2017 (124)：13-24.

［129］K. Xie, W. Li, Z. Wei. Coal Chemical Industry and Its Sustainable Development in China［J］. Energy, 2010, 35 (11)：4349-4355.

［130］J. Gibbins, H. Chalmers. Carbon Capture and Storage［J］. Energy Policy, 2008, 36 (12)：4317-4322.

［131］M. E. Boot - Handford, J. C. Abanades, E. J. Anthony, M. J. Blunt, S.

Brandani, N. Mac Dowell, et al. Carbon Capture and Storage Update [J] . Energy & Environmental Science, 2014, 7 (1): 130-189.

[132] T. Wilberforce, A. Baroutaji, B. Soudan, A. H. Al-Alami, A. G. Olabi. Outlook of Carbon Capture Technology and Challenges [J] . Science of The Total Environment, 2019 (657): 56-72.

[133] Y. Gu, J. Xu, D. Chen, Z. Wang, Q. Li. Overall Review of Peak Shaving for Coal-fired Power Units in China [J] . Renewable and Sustainable Energy Reviews, 2016 (54): 723-731.

[134] M. M. H. Shirazi, D. Mowla. Energy Optimization for Liquefaction Process of Natural Gas in Peak Shaving Plant [J] . Energy, 2010, 35 (7): 2878-2885.

[135] E. Guelpa, G. Barbero, A. Sciacovelli, V. Verda. Peak-shaving in District Heating Systems through Optimal Management of the Thermal Request of Buildings [J] . Energy, 2017 (137): 706-714.

[136] J. Pérez-Díaz, M. Chazarra, J. García-González, G. Cavazzini, A. Stoppato. Trends and Challenges in the Operation of Pumped-storage Hydropower Plants [J] . Renewable and Sustainable Energy Reviews, 2015 (44): 767-784.

[137] J. Jurasz, P. B. Dabek, B. Kazimierczak, A. Kies, M. Wdowikowski. Large Scale Complementary Solar and Wind Energy Sources Coupled with Pumped-storage Hydroelectricity for Lower Silesia (Poland) [J] . Energy, 2018, 161 (15): 183-192.

附录1　中英文缩写对照表

APCDs	Air Pollution Control Devices（污染物控制设施）
ESP	Electrostatic Precipitators（静电除尘）
FF	Fabric Filter（袋式除尘）
WFGD	Wet Flue Gas Desulfurization（湿法烟气脱硫）
SCR	Selective Catalytic Reduction（选择性催化还原）
SNCR	Selective Non-Catalytic Reduction（选择性非催化还原法脱硝）
CCUS	Carbon Capture Utilization and Storage（碳捕捉、利用和封存）
ACI	Activated Carbon Injection（活性炭注射）
IQ	Intelligence Quotient（智商）
GMAO	Global Modeling and Assimilation Office（全球建模和同化办公室）
EDI	Estimated Daily Intake（日摄入量估算值）
MRIO	Multi-Regional Input-Output（多区域投入产出）
IO	Input-Output（投入产出）
CMSTM	China Mercury Risk Source-Tracking Model（中国汞排放风险溯源模型）
GGH	Gas-Gas Heater（烟气换热器）

注：若文中另有说明，则符号意义以文中说明为准。

附录 2　其他数据图表

附表 1　可持续发展目标一览

可持续发展目标	名称	代表性指标
SDG 1	消除贫困	贫困率
SDG 2	消除饥饿	营养不良、儿童发育迟缓
SDG 3	健康福祉	生育死亡、婴儿死亡、疾病死亡
SDG 4	优质教育	入学率、入学年龄、识字率
SDG 5	性别平等	男女受教育差异、男女工资差异
SDG 6	清洁饮水和卫生设施	基本卫生服务、取水量占水资源总量比例
SDG 7	清洁能源	电力覆盖率、可再生能源占比、电力部门碳排放
SDG 8	体面就业与经济增长	失业率、青年失业率
SDG 9	工业、创新和基础设施	网络普及率、移动宽带普及率、科学期刊数量
SDG 10	社会平等	基尼系数、帕尔马比率
SDG 11	可持续城市和社区	颗粒物浓度、公共交通
SDG 12	负责任的消费和生产	电子垃圾、二氧化硫排放、氮足迹
SDG 13	气候行动	碳排放总量、能源相关碳排放、人均碳排放
SDG 14	水下生物	海洋健康指数、捕鱼量
SDG 15	陆地生物	森林面积、生物多样性
SDG 16	和平、正义与强权机构	政府效率、犯罪人数、腐败指数
SDG 17	伙伴关系	国际援助、赋税情况

附表2　2010年中国煤炭交流运输矩阵

单位：百万吨

	AH	BJ	CQ	FJ	GS	GD	GX	GZ	HAN	HEB	HLJ	HEN	HB	HN	IM	JS	JX	JL	LN	NX	QH	SHX	SD	SH	SX	SC	TJ	XJ	XZ	YN	ZJ	IP
AH	98.68	0.00	0.00	0.00	0.00	0.00	0.00	0.00	0.00	0.00	0.00	6.32	0.00	0.00	0.00	0.00	0.00	0.00	0.00	0.00	0.00	0.00	3.26	0.00	2.37	0.00	0.00	0.00	0.00	0.00	0.00	0.00
BJ	0.00	0.06	0.00	0.00	0.00	0.00	0.00	0.00	0.00	4.10	0.00	0.00	0.00	0.00	0.00	0.00	0.00	0.00	0.00	0.00	0.00	0.00	0.00	0.00	20.47	0.00	0.00	0.00	0.00	0.00	0.00	0.00
CQ	0.00	0.00	34.84	0.00	0.00	0.00	0.00	3.00	0.00	0.00	0.00	0.00	0.00	0.00	0.00	0.00	0.00	0.00	0.00	0.00	0.00	0.00	0.00	0.00	0.00	0.00	0.00	0.00	0.00	0.00	0.00	0.00
FJ	4.46	0.00	0.00	18.54	0.00	0.00	0.00	0.00	0.00	0.00	0.00	4.91	0.00	0.00	0.00	0.00	0.00	0.00	0.00	0.00	0.00	0.00	13.22	0.00	8.09	0.00	0.00	0.00	0.00	0.00	0.00	19.53
GS	0.00	0.00	0.00	0.00	45.73	0.00	0.00	0.00	0.00	0.00	0.00	0.00	0.00	0.00	0.00	0.00	0.00	0.00	0.00	0.00	7.35	0.00	0.00	0.00	0.00	0.00	0.00	13.30	0.00	0.00	0.00	0.00
GD	0.00	0.00	0.00	6.71	0.00	0.00	0.00	16.70	0.00	0.00	0.00	0.00	0.00	11.52	0.00	1.25	0.00	0.00	0.00	0.00	0.00	0.00	0.00	0.00	72.42	0.00	0.00	0.00	0.00	0.00	0.00	37.00
GX	0.00	0.00	0.00	0.00	0.00	0.00	7.58	0.00	0.00	0.00	0.00	0.00	0.00	0.00	0.00	0.00	0.00	0.00	0.00	0.00	0.00	0.00	0.00	0.00	0.00	0.00	0.00	0.00	0.00	2.55	0.00	13.76
GZ	0.00	0.00	0.00	0.00	0.00	0.00	0.00	132.32	0.00	0.00	0.00	0.00	0.00	0.00	0.00	0.00	0.00	0.00	0.00	0.00	0.00	0.00	0.00	0.00	0.00	0.00	0.00	0.00	0.00	0.38	0.00	0.00
HAN	0.00	0.00	0.00	0.00	0.00	0.00	0.00	0.00	0.00	0.00	0.00	0.00	0.00	0.00	0.00	0.00	0.00	0.00	0.00	0.00	0.00	0.00	0.00	0.00	3.50	0.00	0.00	0.00	0.00	0.00	0.00	2.98
HEB	0.00	0.00	0.00	0.00	0.00	0.00	0.00	0.00	0.00	83.10	0.00	0.00	0.00	0.00	132.27	0.00	0.00	0.00	0.00	0.00	0.00	0.00	0.00	0.00	42.27	0.00	0.00	0.00	0.00	0.00	0.00	0.00
HLJ	0.00	0.00	0.00	0.00	0.00	0.00	0.00	0.00	0.00	0.00	70.47	0.00	0.00	0.00	45.82	0.00	0.00	0.00	0.00	0.00	0.00	0.00	0.00	0.00	0.00	0.00	0.00	0.00	0.00	0.00	0.00	0.00
HEN	0.00	0.00	0.00	0.00	0.00	0.00	0.00	0.00	0.00	0.00	0.00	165.97	0.00	0.00	0.00	0.00	0.00	4.75	0.00	0.00	0.00	6.00	0.00	0.00	49.00	0.00	0.00	0.00	0.00	0.00	0.00	0.00
HB	0.00	0.00	0.00	0.00	0.00	0.00	0.00	0.00	0.00	0.00	0.00	13.95	0.00	0.00	0.00	0.00	0.00	0.00	2.32	0.00	0.00	78.40	0.00	0.00	10.81	2.08	0.00	0.00	0.00	0.95	0.00	0.00
HN	0.00	0.00	0.00	0.00	0.00	0.00	0.00	0.00	0.00	0.00	0.00	6.38	12.92	67.51	0.00	0.00	0.00	0.00	0.00	0.00	0.00	0.00	0.00	0.00	29.23	0.00	0.00	0.00	0.00	0.00	0.00	1.07
IM	18.07	0.00	0.00	0.00	0.00	0.00	0.00	0.00	0.00	4.09	0.00	11.05	0.00	0.00	309.43	0.00	0.00	0.00	0.00	0.00	0.00	85.83	0.00	0.00	5.71	0.00	0.00	0.00	0.00	0.00	0.00	16.39
JS	0.00	0.00	0.00	0.00	0.00	0.00	0.00	0.00	0.00	0.00	0.00	0.00	0.00	0.00	44.46	15.51	0.00	0.00	0.00	0.00	0.00	0.00	22.41	0.00	12.88	0.00	0.00	0.00	0.00	0.00	0.00	6.58
JX	0.00	0.00	0.00	0.00	0.00	0.00	0.00	0.00	0.00	0.00	0.00	10.35	0.00	0.00	40.23	27.87	0.00	0.00	0.00	0.00	0.00	12.55	0.00	0.00	6.07	0.00	0.00	0.00	0.00	0.00	0.00	0.00
JL	0.00	0.00	0.00	0.00	1.15	0.00	0.00	0.00	0.00	1.70	13.30	13.30	0.00	0.00	46.12	0.00	0.00	41.58	0.00	0.00	0.00	0.00	0.00	0.00	3.59	0.00	0.00	0.00	0.00	0.00	0.00	0.00
LN	0.00	0.00	0.00	0.00	0.00	0.00	0.00	0.00	0.00	0.00	0.00	0.00	0.00	0.00	0.00	0.00	0.00	5.98	72.80	0.00	0.00	0.00	0.00	0.00	6.01	0.00	0.00	0.00	0.00	0.00	0.00	7.64
NX	0.00	0.00	0.00	0.00	0.00	0.00	0.00	0.00	0.00	0.00	0.00	0.00	0.00	0.00	0.00	0.00	0.00	0.00	0.00	52.38	0.00	0.00	0.00	0.00	6.76	0.00	0.00	0.00	0.00	0.00	0.00	0.00
QH	0.00	0.00	0.00	0.00	0.00	0.00	0.00	0.00	0.00	0.00	0.00	0.00	0.00	0.00	0.00	0.00	0.00	0.00	0.00	3.53	12.80	0.00	0.00	0.00	0.00	0.00	0.00	0.00	0.00	0.00	0.00	0.00
SHX	0.00	0.00	0.00	0.00	0.00	0.00	0.00	0.00	0.00	0.00	0.00	0.00	0.00	0.00	0.00	0.00	0.00	0.00	0.00	12.16	0.00	115.65	0.00	0.00	0.00	0.00	0.00	0.00	0.00	0.00	0.00	0.00

续表

	AH	BJ	CQ	FJ	GS	GD	GX	GZ	HAN	HEB	HLJ	HEN	HB	HN	IM	JS	JX	JL	LN	NX	QH	SHX	SD	SH	SX	SC	TJ	XJ	XZ	YN	ZJ	IP
SD	0.00	0.00	0.00	0.00	0.00	0.00	0.00	0.00	0.00	3.79	0.00	4.91	0.00	0.00	110.00	0.00	0.00	0.00	0.00	0.00	0.00	0.00	108.77	0.00	70.00	0.00	0.00	0.00	0.00	0.00	0.00	0.00
SH	5.93	0.00	0.00	0.00	0.00	0.00	0.00	0.00	0.00	0.00	0.00	0.00	0.00	0.00	35.00	5.40	0.00	0.00	0.00	0.00	0.00	0.00	4.35	0.00	7.08	0.00	0.00	0.00	0.00	0.00	0.00	0.00
SX	0.00	0.00	0.00	0.00	0.00	0.00	0.00	0.00	0.00	0.00	0.00	0.00	0.00	0.00	0.92	0.00	0.00	0.00	0.00	0.00	0.00	0.00	0.00	0.00	291.83	0.00	0.00	0.00	0.00	0.00	0.00	20.00
SC	0.00	0.00	10.91	0.00	0.00	0.00	0.00	0.00	0.00	0.00	0.00	0.00	0.00	0.00	0.00	0.00	0.00	0.00	0.00	0.00	0.00	8.39	0.00	0.00	0.00	90.40	0.00	0.00	0.00	5.22	0.00	0.00
TJ	0.00	2.99	0.00	0.00	0.00	0.00	0.00	0.00	0.00	3.13	0.00	0.00	0.00	0.00	0.00	0.00	0.00	0.00	0.00	0.00	0.00	0.00	0.00	0.00	38.74	0.00	0.00	0.00	0.00	0.00	0.00	0.00
XJ	0.00	0.00	0.00	0.00	0.00	0.00	0.00	0.00	0.00	0.00	0.00	0.00	0.00	0.00	0.91	0.00	0.00	0.00	0.00	0.00	0.00	0.00	0.00	0.00	0.00	0.00	0.00	85.97	0.00	0.00	0.00	0.00
XZ	0.00	0.00	0.00	0.00	0.00	0.00	0.00	4.03	0.00	0.00	0.00	0.00	0.00	0.00	0.00	0.00	0.00	0.00	0.00	0.00	0.00	0.00	0.00	0.00	0.00	0.00	0.00	0.00	0.00	0.00	0.00	0.00
YN	0.00	0.00	0.00	0.00	0.00	0.00	0.00	0.00	0.00	0.00	0.00	0.00	0.00	0.00	0.00	0.00	0.00	0.00	0.00	0.00	0.00	0.00	0.00	0.00	0.00	0.00	0.00	0.00	0.00	88.53	0.00	0.00
ZJ	6.32	0.00	0.00	0.00	0.00	0.00	0.00	0.00	0.00	2.09	0.00	0.00	0.00	0.00	15.58	0.00	0.00	0.00	0.00	0.00	0.00	49.36	4.52	0.00	52.79	0.00	0.00	0.00	0.00	0.00	0.15	5.36
OP	0.00	1.95	0.00	0.00	0.00	0.00	0.00	0.00	0.00	0.00	0.00	0.00	0.00	0.00	5.90	0.00	0.00	0.08	0.13	0.00	0.00	5.45	0.00	0.00	4.83	0.00	0.00	0.00	0.00	0.00	0.00	0.00

附表3 全国各省份"十二五"期间淘汰燃煤电厂装机容量

单位：百万千瓦

省份	2011 年	2012 年	2013 年	2014 年	2015 年	总量
北京	1.80	—	—	—	—	1.80
天津	0.20	—	—	0.12	0.77	1.09
河北	0.16	0.32	0.34	0.25	0.75	1.82
山西	0.44	0.57	0.21	0.57	0.02	1.82
内蒙古	0.42	0.40	0.26	—	0.24	1.32
辽宁	0.29	0.06	0.95	—	—	1.29
吉林	0.74	—	—	—	—	0.74
黑龙江	0.50	0.02	—	—	—	0.51
江苏	0.95	1.27	0.49	0.70	0.53	3.94
浙江	0.92	0.20	0.38	0.28	0.31	2.08
山东	0.63	0.46	0.52	0.46	1.17	3.23
河南	1.54	0.30	—	—	0.72	2.56
安徽	—	0.14	—	—	—	0.14
江西	0.46	0.26	0.30	0.22	—	1.24
湖北	0.04	—	0.74	—	—	0.78
湖南	0.39	0.04	—	—	—	0.42
广东	0.24	0.20	0.52	0.55	—	1.50
福建	0.06	0.17	0.03	—	0.25	0.51
四川	0.48	0.46	0.34	0.09	0.05	1.42
重庆	0.08	0.06	0.17	0.43	0.28	1.02
广西	—	0.02	—	—	—	0.02
贵州	0.40	0.50	—	1.10	0.02	2.02
云南	0.08	—	—	—	—	0.08
陕西	0.28	0.02	0.24	0.13	0.04	0.71
甘肃	—	—	0.01	—	—	0.01
青海	—	—	—	—	0.63	0.63
宁夏	0.02	—	—	—	—	0.02
新疆	0.18	0.07	0.02	—	0.25	0.52
总量	11.30	5.51	5.51	4.90	6.01	33.23

附表 **4**　各省份三种改造措施带来的汞减排量及其形态分布　单位：千克

省份	新增 APCDs	淘汰电厂	能效提升	零价汞	二价汞	颗粒汞	总量
江苏	1355.30	1253.00	153.74	2164.08	581.51	16.45	2762.04
内蒙古	1314.92	669.15	309.75	1420.21	848.74	24.88	2293.83
山东	1064.33	641.86	216.00	1086.35	812.10	23.73	1922.18
山西	1060.45	574.01	151.02	1363.19	411.09	11.19	1785.47
陕西	1336.42	282.24	85.26	1143.31	544.85	15.75	1703.91
河北	949.52	593.04	151.13	1341.40	341.43	10.86	1693.69
广东	823.03	341.82	64.03	936.87	284.67	7.34	1228.88
贵州	232.47	880.83	39.64	840.37	303.64	8.93	1152.94
浙江	473.50	437.96	101.00	904.13	106.08	2.25	1012.46
辽宁	264.67	445.34	204.84	716.59	191.87	6.38	914.84
河南	375.64	406.48	90.32	706.31	162.24	3.89	872.44
四川	159.93	494.18	116.44	590.72	174.82	5.02	770.55
安徽	468.29	49.68	97.29	656.09	−39.40	−1.43	615.26
江西	169.01	371.48	41.20	461.29	117.09	3.32	581.69
福建	468.13	53.47	25.28	367.73	172.87	6.27	546.88
湖南	293.49	90.17	142.81	373.63	149.32	3.51	526.47
吉林	239.62	127.43	132.23	336.85	157.86	4.58	499.29
天津	128.12	325.51	23.91	354.02	120.04	3.49	477.54
黑龙江	152.22	139.85	81.64	171.53	196.20	5.98	373.71
云南	188.77	93.22	8.54	184.33	103.19	3.00	290.52
重庆	—	258.63	—	186.37	71.43	0.84	258.63
湖北	—	213.63	28.44	149.52	89.92	2.64	242.08
北京	—	211.37	13.86	161.82	61.15	2.26	225.23
上海	198.33	—	10.28	205.18	3.47	−0.04	208.61
广西	164.97	4.92	22.99	158.07	33.87	0.94	192.88
青海	—	145.62	—	107.32	37.23	1.07	145.62
甘肃	135.30	2.44	—	163.46	−24.86	−0.88	137.73
新疆	—	73.45	—	50.20	22.60	0.65	73.45
宁夏	—	4.82	—	3.55	1.23	0.04	4.82
总量	12016.43	9185.60	2311.64	17304.49	6036.25	172.91	23513.64

附表5　部分淘汰电厂点源级汞减排清单

电厂	汞减排量（千克）	经度	纬度
锦州东港电力有限公司	309.43	121.1038	41.10896
盘州市发电厂	303.15	104.5099	26.01937
天津陈塘热电三期	206.67	117.0746	39.14445
黔北电厂	192.67	106.2374	27.47382
神头第二发电厂	166.91	112.5775	39.38955
神头第一发电厂	161.24	112.4954	39.72276
景德镇发电厂（汇总）	159.67	117.2156	29.34072
丰镇发电厂（北方公司）	159.61	113.1706	40.43340
徐州发电有限公司	149.92	117.2685	34.38258
连州发电厂1~4号机	147.59	112.3852	24.80398
河北兴泰发电有限责任公司	141.74	114.4906	37.01602
国电岷江发电有限公司	134.80	103.5105	29.50819
国电谏壁发电厂	116.13	119.5906	32.17672
荆门电厂	110.85	112.6105	31.16599
元宝山发电有限责任公司	107.73	119.317	42.30202
贵阳发电厂	107.69	106.6987	26.55307
茌平华信热电厂	103.06	116.2589	36.58400
清镇发电厂	102.63	106.4454	26.54908
成都嘉陵电厂	101.46	104.1300	30.66543
宜宾发电有限责任公司	99.04	104.9401	28.61822
陕西秦岭发电有限责任公司	97.58	109.9587	34.53411
太仓港环保发电有限公司	97.50	120.6748	31.76643
南京第二热电厂	96.36	118.8338	32.14011
焦作电厂1~4号机	94.02	113.2152	35.22657
南京华润热电有限公司	82.04	118.6394	31.94658
滦河发电厂	81.77	117.7727	40.95560
九江发电厂	79.46	116.0391	29.74470
北京大唐高井发电厂	77.24	116.1456	39.94654
北京京能热电股份有限公司	74.40	116.1514	39.93368
焦作华润热电有限公司	72.87	113.2149	35.22791
唐山新区热电厂	71.26	118.1666	39.82439

续表

电厂	汞减排量（千克）	经度	纬度
安源电厂	70.90	114.0183	27.65191
天津第一热电厂	70.46	117.2372	39.11953
洛阳豫港电力开发有限责任公司	70.26	112.4902	34.42094
唐山华润热电有限公司	70.13	118.1368	39.60749
长源第一发电有限公司	67.99	113.9259	30.65988
华能淮阴发电厂	66.59	118.9693	33.59979
华润电力（锦州）有限公司	62.84	121.2580	41.28090
徐州华美电厂	56.86	117.1303	34.32100
重庆发电厂	56.03	109.5020	31.65720
华电扬州发电厂	53.39	119.4858	32.43110
禄丰县一平浪煤矿自备电厂	51.41	101.9161	25.18281
重庆九龙电力股份有限公司	50.94	106.5170	29.51000
杭州华电半山发电有限公司（煤电）	49.51	120.1524	30.36495
东海拉尔发电厂	49.41	119.8492	49.26725
吉林热电厂	47.93	126.5738	43.90347
呼伦贝尔安泰热电有限责任公司海拉尔热电厂	47.43	119.7820	49.21567
山东天源热电有限公司	47.42	117.9068	37.05348
洛阳龙羽虹光有限公司	47.00	112.2204	34.52506
长春第一热电有限责任公司	46.94	125.3585	43.92054
萧山发电厂	46.60	120.4150	30.12210
唐山塞德热电公司	46.07	118.1372	39.60754
宿州汇源电热公司	45.93	116.9874	33.65866
大唐韩城发电厂	45.18	110.5649	35.60898
淄博热电	45.01	118.1046	36.79965
浙江浙能钱清发电有限责任公司	44.85	120.4084	30.11663
国电电力大连开发区热电厂	40.03	121.7445	39.04422
射阳港发电厂	39.88	120.4396	33.82734
百年电力	37.69	119.9509	37.19513
临沂电厂	37.23	118.3604	35.11020
霍林河鸿骏铝电公司	36.99	119.6668	45.52366
神华准格尔发电公司	36.58	111.2366	39.86486
宜兴协联热电厂	35.23	119.8346	31.40104

续表

电厂	汞减排量（千克）	经度	纬度
国华北京热电分公司（一热）	34.92	116.4895	39.91775
盐城电厂9号机组	34.84	120.1291	33.40822
魏桥纺织股份有限公司热电厂	34.15	118.1325	36.91991
邹平工业园铝电有限公司热电厂	34.15	117.7774	36.87831
无锡协联热电厂	33.69	120.3391	31.54935
呼和浩特热电厂（北方公司）	31.98	111.6162	40.80805
焦作电厂5~6号机	30.58	113.2152	35.22657
常州苏源（华源）发电有限公司	30.51	119.9749	31.84586
包头一电厂（北方公司）	29.97	109.7835	40.67316
鲁北企业集团热电厂	29.91	117.7370	38.09311
广州纸厂	29.80	113.5175	22.74061
烟台电厂	29.59	121.3833	37.53784
河北华电石家庄鹿华热电有限公司	28.94	114.3258	38.05432
徐州华美电厂	28.43	117.1303	34.32100
魏桥纺织股份有限公司滨州热电厂	28.08	116.9083	37.76287
涪陵水投龙桥电厂	28.02	107.3856	29.72292
益阳石煤发电厂	27.63	112.3301	28.39409
商丘丰源热电股份有限公司	27.58	115.6179	34.40762
黄岛发电厂	26.49	120.2114	35.96604
武所屯生建电厂（统调）	26.41	117.0506	35.07359
山西晋能集团大同热电有限公司	26.29	113.2240	40.07190
浑江发电厂	26.26	126.4528	41.95404
北京京能热电股份有限公司	24.80	116.1514	39.93368
山西远盛电力有限公司	24.64	113.6016	37.87686
张家港恒东热电有限公司	24.48	120.5814	31.79990
大漠电厂	24.14	107.0013	41.43364
天津陈塘热电有限公司	22.69	117.2505	39.06517
巨化热电厂	22.59	118.8872	28.89879
安源实业有限公司安源发电厂	22.23	114.0183	27.65191
太仓新中港协鑫热电厂	21.11	121.1385	31.69680
天原化工厂电站	19.77	104.6825	28.77357
天津永利电力联合公司	19.13	117.6897	39.03319

续表

电厂	汞减排量（千克）	经度	纬度
九江发电厂	18.78	116.0391	29.74470
山西太钢不锈钢股份有限公司自备电厂	18.72	112.5662	37.92145

附表 6　不同省份在大气传输作用下的汞沉降减排量　　单位：千克

省份	广东	贵州	河北	内蒙古	江苏	辽宁	陕西	山东	山西	浙江
北京	0.08	0.09	5.55	3.82	1.22	0.54	1.01	5.79	3.13	0.12
天津	0.05	0.05	3.70	1.16	1.01	0.50	0.41	9.62	0.99	0.09
河北	0.70	0.70	106.90	37.20	11.10	4.90	10.20	79.90	39.80	1.00
山西	0.48	0.76	7.99	63.09	5.15	0.97	62.04	9.24	101.27	0.59
内蒙古	2.80	3.00	28.70	211.50	13.00	20.40	36.40	23.50	41.40	2.80
辽宁	0.67	0.62	44.09	16.37	12.91	74.91	4.75	35.43	7.75	1.61
吉林	0.75	0.68	12.69	12.71	8.77	15.95	4.89	18.46	6.99	1.35
黑龙江	1.40	1.20	15.50	19.60	8.70	15.70	6.50	18.90	9.20	1.50
上海	0.10	0.09	0.28	0.37	9.00	0.15	0.24	0.82	0.33	10.13
江苏	1.00	0.70	4.00	4.00	184.30	2.10	3.10	18.40	3.90	16.00
浙江	2.05	0.92	2.66	3.49	28.29	1.46	2.62	6.30	3.48	47.45
安徽	2.10	1.30	4.30	5.00	65.40	2.00	4.90	18.90	5.30	10.10
福建	27.63	1.03	2.51	3.18	11.43	1.29	2.56	4.50	3.30	6.26
江西	12.30	1.70	3.70	4.60	22.90	1.90	4.00	10.00	4.80	9.10
山东	0.90	0.80	14.50	9.70	65.40	6.50	5.60	214.30	10.40	2.40
河南	1.10	1.30	8.80	10.50	19.50	1.80	25.10	28.40	26.70	1.80
河北	2.70	4.90	6.10	8.60	17.40	1.80	15.10	17.90	9.20	2.90
湖南	27.60	4.80	6.20	7.80	18.90	2.30	8.80	18.10	8.30	3.90
广东	144.90	1.30	3.10	3.50	11.40	1.50	2.90	6.00	3.70	3.90
广西	18.20	7.50	4.90	5.90	12.80	1.80	6.40	10.40	6.10	3.00
海南	2.44	0.24	0.46	0.49	1.27	0.22	0.46	0.84	0.52	0.42
重庆	0.73	17.71	1.79	2.88	3.03	0.56	6.86	3.43	2.81	0.64
四川	2.10	22.50	4.60	9.30	6.50	1.60	25.00	6.40	6.80	1.80
贵州	1.40	147.30	2.40	3.30	4.80	0.90	5.60	5.20	3.40	1.00
云南	3.40	24.00	4.20	4.90	7.30	1.90	6.00	5.20	4.70	2.10

续表

省份	广东	贵州	河北	内蒙古	江苏	辽宁	陕西	山东	山西	浙江
西藏	3.80	3.40	4.60	5.10	7.70	2.50	4.60	4.40	4.90	2.80
陕西	0.80	3.20	3.30	20.00	5.00	0.90	182.50	5.30	11.20	0.90
甘肃	1.00	2.70	2.10	9.20	3.10	0.90	24.10	2.00	3.50	0.90
青海	1.62	1.55	2.25	3.57	3.57	1.20	2.78	2.08	2.52	1.25
宁夏	0.11	0.36	0.26	2.89	0.36	0.10	3.36	0.24	0.59	0.11
新疆	3.30	2.90	5.10	6.80	7.90	2.80	5.10	4.70	5.50	2.50
渤海	0.09	0.10	14.37	3.82	2.43	3.77	0.69	14.17	1.55	0.19
黄海	1.10	1.50	21.80	22.80	58.10	19.60	8.20	49.20	14.00	6.60
东海	3.70	2.60	11.20	22.80	40.80	4.60	17.50	25.80	20.40	6.30
南海	36.70	2.60	4.30	5.60	11.60	2.20	5.00	7.30	5.40	4.10
总量	309.80	266.10	369.24	555.54	692.04	202.22	505.27	671.02	383.77	157.61

附表7　2010年中国各省份燃煤电厂水资源消耗情况

单位：百万吨，吨/百万瓦时

省份	取水量	耗水量	取水强度	耗水强度
山东	2052.94	371.22	6.83	1.24
河南	1341.38	370.93	6.41	1.77
河北	1147.60	241.88	5.96	1.26
江苏	19495.08	216.23	61.57	0.68
内蒙古	225.61	190.36	1.01	0.85
安徽	4999.44	167.54	35.20	1.18
山西	195.21	167.33	0.93	0.80
贵州	176.38	141.08	1.82	1.46
辽宁	162.53	129.96	1.35	1.08
黑龙江	941.82	121.80	13.07	1.69
广东	2024.44	114.18	8.14	0.46
四川	662.40	93.75	11.62	1.64
陕西	107.83	90.45	1.05	0.88
新疆	107.09	86.98	1.94	1.58
吉林	234.57	83.07	5.06	1.79

续表

省份	取水量	耗水量	取水强度	耗水强度
江西	1304.69	81.11	23.92	1.49
云南	1352.97	79.09	24.77	1.45
湖北	4421.45	72.62	58.74	0.96
湖南	3886.32	72.33	53.70	1.00
浙江	87.49	69.94	0.42	0.34
天津	87.59	69.89	1.57	1.25
广西	917.69	67.76	16.88	1.25
上海	4366.36	55.56	50.49	0.64
福建	1408.47	51.47	15.82	0.58
北京	464.06	50.26	17.73	1.92
宁夏	53.03	44.85	0.96	0.81
甘肃	48.15	40.73	0.96	0.81
重庆	2079.93	32.35	62.32	0.97
青海	13.99	11.76	1.44	1.21
海南	0.21	0.17	0.02	0.01
总量	54366.69	3386.65	16.32	1.02

附表 8　部分燃煤电厂点源级水资源清单　　　　单位：百万吨

电厂名称	取水量	耗水量
国电谏壁发电厂	1513.87	4.56
华能福州电厂	1427.13	4.38
华能珞磺电厂	1256.87	4.18
华润电力常熟有限公司	1215.97	3.38
华能威海电厂	1167.77	3.25
华能阳逻电厂	1089.97	3.34
江阴利港发电股份有限公司	1034.93	2.88
国电泰州发电有限公司	1017.94	2.80
上海外高桥第三发电有限责任公司	989.71	2.73
江苏镇江发电有限公司	978.62	2.72

续表

电厂名称	取水量	耗水量
华能南京金陵发电有限责任公司	955.33	2.63
鄂州电厂	896.45	2.74
华能南通电厂	866.64	2.88
大唐南京发电厂	835.38	2.33
国华太仓发电有限责任公司	831.85	2.32
太仓港协鑫发电有限公司	821.81	2.29
大唐陡河发电厂	811.62	2.26
张家港沙洲电力有限公司	807.36	2.25
上海外高桥第二发电有限责任公司	802.36	2.21
江苏利港电力有限公司	792.97	2.64
中电投平圩二电厂	792.71	2.21
国电常州发电有限公司	786.64	2.19
安徽华电芜湖发电有限公司	773.95	2.15
中电投常熟发电有限公司	767.34	2.14
华能太仓电厂	757.34	2.11
安徽马鞍山万能达发电有限责任公司	744.75	2.48
大唐马鞍山第三发电厂	742.55	2.07
扬州第二发电有限责任公司	733.67	2.04
国电铜陵发电厂	715.98	1.99
国电益阳发电有限公司	670.29	1.99
大唐湘潭发电有限责任公司	656.22	1.95
华能上海石洞口第二电厂	651.16	1.81
江苏南热发电有限责任公司	648.82	1.81
华电能源富拉尔基发电厂	619.36	3.34
国电丰城发电公司	612.34	2.04
江西赣能丰城二期发电厂	611.97	1.70
江苏国华陈家港发电有限公司	599.31	1.67
湖北华电襄樊发电有限公司	559.48	1.56
皖能马鞍山发电公司	544.38	1.52
湖南华电长沙发电有限公司	530.47	1.48

续表

电厂名称	取水量	耗水量
上海外高桥发电有限责任公司	516.21	1.72
湖北华电襄樊发电有限公司	486.12	1.62
上海宝钢电厂	473.82	1.58
华电望亭发电有限公司	431.81	1.44
华能（苏州工业园区）发电有限责任公司华能太仓电厂	427.20	1.42
国电南通天生港发电公司	418.58	1.39
国电南宁发电有限公司	417.40	1.16
广州恒运热电厂有限责任公司	400.77	1.33
平顶山姚孟发电有限责任公司	399.99	2.16
华能南京电厂	394.55	1.31
国电宣威发电有限责任公司	391.00	1.30
上海电力股份吴泾热电厂	385.95	1.28
国电阳宗海发电有限公司	385.17	1.28
大唐耒阳发电厂	380.41	1.58
安徽池州九华发电有限公司	377.87	1.26
安徽安庆皖江发电有限责任公司	366.56	1.22
南阳鸭河口发电有限责任公司	364.30	1.21
南京华润热电有限公司	360.44	1.20
广西方元电力股份有限公司来宾电厂	357.88	1.19
佛山市顺德五沙热电有限公司	355.50	1.18
湖北西塞山发电有限公司二期	354.00	0.99
广东粤华发电有限公司责任公司	342.94	1.14
湖北西塞山发电有限公司	319.32	1.06
大唐湖南株洲	266.97	0.89
广州恒运热电厂有限责任公司	265.51	1.43
国华北京热电分公司	241.68	1.30
上海吴泾发电有限责任公司	228.70	0.76
南海发电一厂	225.80	1.22
华电集团公司湖北黄石发电厂（黄石发电公司）	213.67	1.15
大唐石门发电有限责任公司	200.43	0.67

续表

电厂名称	取水量	耗水量
四川攀枝花三维发电有限责任公司	185.23	1.00
华能上海燃机发电有限责任公司	168.37	0.56
吉林松花江热电有限公司	147.50	0.49
四川华电宜宾发电有限责任公司	128.21	0.69
华能伊敏煤电有限责任公司（华能呼伦贝尔能源公司）	44.67	35.76
国电汉川发电有限公司	43.46	0.14
华能沁北电厂	37.83	30.29
福建漳州后石电厂（华阳后石电厂）	37.32	29.87
华能北方达拉特旗发电厂	35.48	28.33
大唐国际发电股份有限公司张家口发电厂	33.05	26.35
内蒙古大唐国际托克托发电有限责任公司	29.80	23.85
浙能兰溪发电厂	28.39	22.73
大唐阳城国际发电有限责任公司	27.87	22.23
铜山华润电力有限公司	26.43	21.15
盘南发电厂	26.40	21.13
华电邹县发电有限公司	25.55	20.44
华能德州电厂	25.35	20.27
中电投平顶山发电分公司（鲁阳电厂）	23.42	18.74
辽宁华电铁岭发电有限公司	22.03	17.60
天津军粮城发电有限公司	20.18	16.09
四川广安发电有限责任公司	20.14	16.09
许昌禹龙电厂	19.30	15.44
大唐渭河热电厂	19.19	15.36
华能井冈山电厂	19.08	15.25
华电潍坊发电有限公司	18.76	15.01
新疆天山电力股份有限公司玛纳斯发电分公司	18.31	14.63
华能上海石洞口第一电厂	18.27	14.57
华能岳阳电厂	18.24	14.57
皖能铜陵发电公司	17.91	14.33
国华三河发电公司	17.56	14.00

附表 9 各省份电力转型导致电力部门增加的耗水量清单　　单位：吨

省份	光伏耗水量	脱硫装置耗水量	总量
山东	42100	8118113	8160213
内蒙古	113980	5383780	5497760
陕西	16140	4937709	4953849
浙江	15300	4597150	4612450
山西	6480	4101415	4107895
广东	3620	2659179	2662799
江苏	38680	1719443	1758123
安徽	7480	1427076	1434556
吉林	1600	1236699	1238299
上海	700	1224362	1225062
湖南	740	880587	881327
天津	60	617101	617161
河北	18940	570306	589246
四川	2240	576988	579228
云南	11360	505559	516919
江西	4680	451352	456032
河南	1800	435635	437435
广西	760	436576	437336
青海	145340	—	145340
新疆	118760	—	118760
甘肃	118240	—	118240
宁夏	81560	—	81560
福建	9420	—	9420
西藏	5220	—	5220
海南	3880	—	3880
湖北	2720	—	2720
辽宁	2460	—	2460
北京	1020	—	1020
黑龙江	320	—	320
总量	775600	39879030	40654630

附表 10　中国各省份水资源行星边界　　　　　单位：百万吨

省份	水资源行星边界
广西	73251.52
云南	59657.03
四川	57793.84
广东	53392.96
湖南	50639.77
江西	46786.14
福建	32864.31
贵州	31782.12
湖北	29679.73
浙江	26511.88
安徽	23256.14
黑龙江	21864.53
内蒙古	19913.67
青海	18418.38
重庆	15323.92
新疆	11334.82
河南	10641.57
陕西	10411.27
江苏	10281.55
海南	9220.11
辽宁	8969.92
山东	8470.61
甘肃	7694.24
吉林	7279.68
河北	5838.74
山西	3868.04
上海	1199.49
宁夏	667.11
天津	559.24
北京	513.02